Física cuántica y conciencia superior

Descubra los misterios de la realidad y despierte su poder interior

© Copyright 2025

Todos los derechos reservados. Ninguna parte de este libro puede ser reproducida de ninguna forma sin el permiso escrito del autor. Los revisores pueden citar breves pasajes en las reseñas.

Descargo de responsabilidad: Ninguna parte de esta publicación puede ser reproducida o transmitida de ninguna forma o por ningún medio, mecánico o electrónico, incluyendo fotocopias o grabaciones, o por ningún sistema de almacenamiento y recuperación de información, o transmitida por correo electrónico sin permiso escrito del editor.

Si bien se ha hecho todo lo posible por verificar la información proporcionada en esta publicación, ni el autor ni el editor asumen responsabilidad alguna por los errores, omisiones o interpretaciones contrarias al tema aquí tratado.

Este libro es solo para fines de entretenimiento. Las opiniones expresadas son únicamente las del autor y no deben tomarse como instrucciones u órdenes de expertos. El lector es responsable de sus propias acciones.

La adhesión a todas las leyes y regulaciones aplicables, incluyendo las leyes internacionales, federales, estatales y locales que rigen la concesión de licencias profesionales, las prácticas comerciales, la publicidad y todos los demás aspectos de la realización de negocios en los EE. UU., Canadá, Reino Unido o cualquier otra jurisdicción es responsabilidad exclusiva del comprador o del lector.

Ni el autor ni el editor asumen responsabilidad alguna en nombre del comprador o lector de estos materiales. Cualquier desaire percibido de cualquier individuo u organización es puramente involuntario.

Su regalo gratuito

¡Gracias por descargar este libro! Si desea aprender más acerca de varios temas de espiritualidad, entonces únase a la comunidad de Mari Silva y obtenga el MP3 de meditación guiada para despertar su tercer ojo. Este MP3 de meditación guiada está diseñado para abrir y fortalecer el tercer ojo para que pueda experimentar un estado superior de conciencia.

https://livetolearn.lpages.co/mari-silva-third-eye-meditation-mp3-spanish/

¡O escanee el código QR!

Índice de contenidos

PRIMERA PARTE: FÍSICA CUÁNTICA PARA PRINCIPIANTES 1
   INTRODUCCIÓN 3
   CAPÍTULO 1: INTRODUCCIÓN A LA FÍSICA CUÁNTICA 5
   CAPÍTULO 2: EXPLORACIÓN DEL COMPORTAMIENTO DE LAS PARTÍCULAS 17
   CAPÍTULO 3: ¿QUÉ ES LA LUZ? 26
   CAPÍTULO 4: OBSERVACIONES CUÁNTICAS, EXPERIMENTOS Y SUS INTERPRETACIONES 37
   CAPÍTULO 5: REALIDAD CUÁNTICA Y CONCIENCIA 50
   CAPÍTULO 6: MÍSTICA CUÁNTICA: CIENCIA Y ESPIRITUALIDAD 64
   CAPÍTULO 7: ENREDOS: TODO ESTÁ CONECTADO 75
   CAPÍTULO 8: SUPERPOSICIÓN: TODO ES POSIBLE 85
   CAPÍTULO 9: EL MULTIVERSO 95
   CONCLUSIÓN 104

SEGUNDA PARTE: CONCIENCIA SUPERIOR 107
   INTRODUCCIÓN 109
   CAPÍTULO 1: ¿QUÉ ES LA CONCIENCIA SUPERIOR? 111
   CAPÍTULO 2: EL COSMOS CUÁNTICO 126
   CAPÍTULO 3: APROVECHA TU PODER INTERIOR 139
   CAPÍTULO 4: IR MÁS ALLÁ PARA AMPLIAR TU CONCIENCIA 150

CAPÍTULO 5: CONOCE A TU YO SUPERIOR 161
CAPÍTULO 6: EL TRABAJO CON LOS GUÍAS ESPIRITUALES 169
CAPÍTULO 7: LÍNEAS DE TIEMPO, VIDAS PASADAS Y
CONTRATOS DE ALMA 177
CAPÍTULO 8: LA REVELACIÓN DE TU PROPÓSITO SUPERIOR 187
CAPÍTULO 9: RITUALES DIARIOS PARA UNA VIDA
CONSCIENTE 199
CONCLUSIÓN 208
VEA MÁS LIBROS ESCRITOS POR MARI SILVA 210
SU REGALO GRATUITO 211
BIBLIOGRAFÍA 212
FUENTES DE IMÁGENES 216

Primera Parte: Física cuántica para principiantes

Descubra los principios de la mecánica cuántica, el comportamiento de las partículas, la naturaleza de la realidad y la interacción entre ciencia y espiritualidad

Introducción

Si no sabe casi nada de física, y mucho menos de física cuántica, este tema puede parecerle intimidante al principio. Sin embargo, con este libro en sus manos, no se sentirá así durante mucho más tiempo. Si siempre ha querido saber cuáles son los secretos del mundo subatómico y quiere desentrañar los misterios envueltos en la jerga científica, no podría haber elegido un libro mejor para la tarea que este. ¿No tiene conocimientos científicos? No hay problema. Todos los conceptos complejos de la física cuántica se desglosan en un lenguaje fácil de entender. Tampoco tendrá que lidiar con fórmulas complejas ni tratar de resolver ecuaciones complejas.

A diferencia de otros libros sobre el tema de la física cuántica, este libro es adecuado para principiantes. Los conceptos son claros y se explican con un lenguaje atractivo. Es un libro lleno de conceptos cuidadosamente deconstruidos para ayudarle a entender el increíblemente peculiar mundo de la física cuántica.

Ofrece mucho más a los lectores que una simple comprensión de esta rama de la ciencia. Este libro es excelente para quienes siempre han buscado el puente entre la espiritualidad y la ciencia. Está lleno de información práctica que demuestra cómo mejorar su vida. Al llegar a la última página, descubrirá que su comprensión de la realidad es más profunda y rica de lo que nunca ha sido.

No es casualidad que haya elegido este libro entre todos los demás que podría estar leyendo ahora mismo. Se le ha entregado un pasaporte al poder de desbloquear todos los mundos que se le ocurran. Si se atreve a seguir leyendo, puede estar seguro de que su vida ya no será la misma. Por lo tanto, debe actuar con cautela y solo sumergirse en este libro si está preparado para que le dejen boquiabierto.

Descubrirá todo lo que necesita saber sobre la realidad, la conciencia y su propósito específico en la vida. No se trata de un libro de texto cualquiera. Es toda una experiencia que no olvidará. Así que, si está preparado para lo nuevo, lo extraño y lo extraordinario, no hay un momento que perder. Empiece por el primer capítulo y descubra la magia de la realidad.

Capítulo 1: Introducción a la física cuántica

Supongamos que no sabe nada de ciencias como la física. En ese caso, la física cuántica puede parecer un tema tan intimidante que normalmente no lo tocaría ni con un palo de tres metros. Como pronto descubrirá, no es tan difícil de entender. Este capítulo lo introducirá en la física cuántica de la forma más sencilla posible. No tendrá que preocuparse de tirarse de los pelos para entender los conceptos. Es una garantía.

Bienvenido a la física cuántica: Un electrón alrededor de un núcleo [1]

El rompecabezas de la física cuántica

Hola, Alicia. Claro, ese no es su nombre real, pero bien podría serlo porque está a punto de descubrir lo profundo que llega la madriguera del conejo y lo locas que se vuelven las cosas en el País de las Maravillas. Este sentimiento puede parecer una exageración, pero poco a poco descubrirá que es cualquier cosa menos eso. El universo cuántico es realmente tan ilógico. Las reglas de la realidad son cualquier cosa menos lo que parecen con respecto a la física cuántica. Todo lo relacionado con la naturaleza de la realidad le sorprenderá, desconcertará y dejará boquiabierto una vez que descubra de qué trata la física cuántica.

Imagine que descubre que su cuerpo está en dos lugares o más al mismo tiempo, y que una versión de usted está en el palacio de Buckingham, devanándose los sesos sobre cómo seguir siendo relevante en estos tiempos, mientras que otra versión de usted está tomando un mai tai en algún lugar de Bali.

Imagine que enciende y apaga el interruptor de la luz de su habitación y que, cada vez que lo hace, su habitación es una versión diferente de sí misma. La pintura de las paredes, la posición de la cama, los peluches que le da vergüenza admitir que todavía tiene y los miles de cojines son diferentes cada vez. Suena caótico, ¿verdad?

¿Sabe esos calcetines suyos que desaparecen misteriosamente? ¿Y si uno de un par está en Plutón y el otro con usted? Además, ¿y si cada vez que un plutoniano lava o ensucia ese calcetín, se nota, *porque su calcetín es un reflejo del extraterrestre*? ¿Qué tiene que ver todo esto con la física cuántica?

En primer lugar, hay que conocer la diferencia entre física clásica y física cuántica. La física clásica es todo lo que pertenece a las reglas del mundo físico tal y como lo percibe con sus cinco sentidos. Es estable y predecible. Sabe que si lanza una pelota de baloncesto al aire, volverá a la tierra. Si lanza la pelota con fuerza contra el suelo, rebotará. Abra una puerta, y se moverá hacia usted. Intente sentar su amplio trasero en la silla de un niño pequeño; con el tiempo y el peso suficientes, se romperá. Su banco está siempre en la misma dirección, nunca se mueve de ese lugar, y la velocidad de la luz es fija.

Las leyes de la física clásica son fijas, inquebrantables y fiables, lo cual está muy bien porque, ¿qué raro sería descubrir que ahora el sol sale por el norte o que la silla que está mirando en la esquina no está ahí ahora mismo? Para decirlo formalmente, la física clásica es un conjunto de perspectivas teóricas destinadas a explicar fenómenos y objetos observables, como los planetas, el sonido, la luz, los coches, etc. Este campo de la ciencia estudia el porqué y el cómo del movimiento de las cosas, así como su funcionamiento, desentrañando la mecánica del magnetismo, la electricidad, el movimiento, el sonido, el calor, la gravedad y la luz.

Ahora que ya conoce los fundamentos de la versión clásica de la física, ¿qué hay de su homóloga cuántica? Basándonos en la introducción al concepto que ya le hemos ofrecido, es probable que suponga que no es más que la imaginación descabellada de un personaje de ficción de un dibujo animado, algo cocinado en el *Laboratorio de Dexter*, tal vez. Y se le perdona. Si la física cuántica fuera un reloj, el siguiente minuto después de las 7 de la mañana serían las 33:56 de la tarde.

En otras palabras, nada se ajusta a las reglas de la física clásica. Según quién lo mire, un objeto es varias cosas a la vez. En este mundo, la velocidad de la luz no es lo más rápido.

Bien, ya lo ha entendido y quiere una definición sencilla de la física cuántica. Básicamente, **la física cuántica es el campo de la ciencia que estudia los fundamentos de la materia y la energía, tratando de explicar el universo a nivel de átomos, electrones y fotones.**

El hecho de que esté leyendo este libro significa que probablemente también haya oído hablar de la mecánica cuántica. En pocas palabras, la mecánica cuántica es el lenguaje matemático que describe la forma en que las partículas atómicas y subatómicas se mueven e interactúan entre sí, trabajando dentro de marcos como el principio de incertidumbre, el principio de correspondencia, la dualidad onda-partícula, etc. No se preocupe; estas cosas le sonarán menos a galimatías a medida que vaya explorando este mundo cuántico. En algunos contextos, física cuántica y mecánica cuántica se utilizan indistintamente.

Ahora le vendría bien una lección de historia.

Contexto histórico y desarrollo de la teoría cuántica

Antes de entrar en materia, hay que reconocer el mérito a quien lo merece. Max Planck fue quien ideó la teoría cuántica. Sin él, los muchos otros fascinantes descubrimientos en este campo podrían haber permanecido desconocidos para siempre. Este físico alemán publicó un estudio que causó conmoción en su campo.

Max Planck ideó la teoría cuántica[a]

El estudio trataba sobre cómo afecta la radiación a una sustancia "cuerpo negro", que es algo que absorbe toda la luz y la energía con la que entra en contacto. Descubrió que hay momentos en los que la energía actúa como materia física. Según la física clásica, la energía solo se presenta siempre en forma de onda. Sin embargo, Planck tenía la teoría de que estas ondas en realidad tenían partículas que denominó *cuanto*. Ganó el Premio Nobel por su trabajo pionero.

Albert Einstein se basó en el trabajo de Planck. En 1905 propuso que la luz estaba formada por partículas. En aquella época se consideraba absurdo porque todo el mundo daba por sentado que la luz era una *onda*. Llamó "fotones" a las partículas de luz y afirmó que cada una de ellas contiene energía.

Cuatro años más tarde, en 1909, Einstein volvió a sacudir el mundo de la ciencia con su teoría de ondas-partículas, en la que afirmaba que las ondas y las partículas pueden comportarse de forma similar, especialmente en lo que respecta a los electrones y los fotones. ¿Por qué fue para tanto? Bueno, si leemos entre líneas, en esencia estaba diciendo que una partícula puede actuar como una onda y una onda como una partícula, *dependiendo de cómo se miren*. Esta fue solo una de las varias teorías que Einstein demostró, aunque no era del todo partidario de la mecánica cuántica, ya que no le gustaba la idea de una realidad incierta. En sus palabras, "Dios no juega a los dados".

Nota al margen: Según a quién pregunte, en realidad Einstein obtuvo todas sus ideas de Mileva Marić, su mujer, pero como era una época en la que las mujeres no eran tan reconocidas como deberían por sus mentes brillantes, él se llevó todo el mérito. Este libro no trata de ese debate, así que es hora de seguir adelante.

En 1913, Niels Bohr utilizó el concepto cuántico para explicar la estructura de los átomos y las moléculas. En su modelo, el núcleo está en el centro del átomo, igual que el sol está en el centro de los planetas conocidos. Los electrones están dispuestos como planetas alrededor del núcleo, pero su órbita no se aleja más allá de distancias específicas (llamadas "niveles de energía") de su "sol".

En 1924, Louis de Broglie contribuyó al campo de estudio cuántico llevando aún más lejos la postura original de Einstein. Para Louis, la luz no era lo único con rasgos de ondas y partículas. Atribuyó esa propiedad a todo lo existente. En otras palabras, simultáneamente, todo puede ser una bola o una ola del océano. Cabe preguntarse qué habría pensado Einstein al respecto.

Werner Heisenberg no solo idearía una forma diferente de resolver las matemáticas de la mecánica cuántica en el contexto de las matrices, sino que también presentaría al mundo su "principio de incertidumbre" en 1925. Bien podría haberle dicho a Einstein: "Dios, de hecho, *juega* a los dados".

No hay mejor analogía para su teoría que un colibrí en vuelo. Observe sus alas y solo se dará cuenta de una de estas dos cosas: La velocidad a la que las alas del pájaro baten contra el aire o las alas en un punto específico. Solo se puede captar una cosa o la otra, no las dos simultáneamente. Es un ejemplo bastante simplista, pero explica la rareza del principio de incertidumbre.

Por supuesto, la física cuántica no sería lo que es sin el trabajo de ese científico que puede o no haber tenido un gato en cierto momento de su vida. ¿Su nombre? Erwin Schrödinger. Su teoría ondulatoria de la materia valida la insistencia de Niels Bohr en que a Dios le puede apetecer jugar a la ruleta de vez en cuando. La ecuación de Schrödinger, de nombre homónimo y formulada en 1926, ofrece una forma matemática de describir cómo evoluciona en el tiempo el estado cuántico de un sistema cuántico.

Las soluciones derivadas de la ecuación de Erwin ofrecen una forma excelente de determinar las probabilidades de distintos resultados, demostrando claramente que una partícula puede existir en más estados de los que se pueden contar hasta que se observa, lo que la fija en un único estado, al menos mientras se observa. Si no está familiarizado con las aportaciones de Erwin, seguro que conoce el experimento del gato de Schrödinger. Si no es así, ¡pronto lo conocerá!

Paul Dirac fue otro personaje interesante que llevó la teoría de la relatividad de Einstein a un nivel cuántico. Según la teoría de Einstein, aunque las leyes de la física funcionan igual para todo el mundo, lo que usted observa puede ser diferente de lo que observa otra persona, dependiendo de la dirección del movimiento de un objeto y de su velocidad.

Así que Dirac tomó esta teoría y la aplicó al mundo cuántico. Desarrolló la ecuación de Dirac, que demostraba cómo actúan los electrones y partículas similares cuando su movimiento se aproxima a la velocidad de la luz. El hombre fue capaz de predecir que la antimateria era algo real. ¿Qué es la antimateria? La antimateria es la versión espejo de la materia, que tiene *la carga energética opuesta*.

En 1932, Carl D. Anderson validó la suposición de Paul de que la antimateria existe, gracias a su descubrimiento del positrón mientras estudiaba el comportamiento de las partículas con una carga de alta energía conocidas como rayos cósmicos procedentes del espacio. Mientras rastreaba las partículas con su dispositivo de cámara de niebla, observó ciertas huellas dejadas por dichas partículas que parecían tener una masa similar a la del electrón, pero con carga positiva. Cuando experimentó disparando luz de alta energía o rayos gamma a diversos materiales, demostró de forma concluyente que cada electrón está emparejado con un positrón.

Otra mención honorífica es la de Richard Feynman, que realizó un trabajo fenomenal sobre electrodinámica cuántica o EDC, que ofrece claridad sobre la interacción entre electrones (materia) y fotones (luz). Creó los diagramas de Feynman, que actúan como hojas de ruta para mostrar cómo evoluciona esta interacción a lo largo del tiempo, haciendo mucho más fácil el manejo de todos los complejos cálculos de la EDC.

Richard Feynman[9]

No solo eso, sino que el genial Feynman ideó una forma sencilla de calcular todos los caminos posibles por los que una partícula puede viajar de un punto a otro. Es como conocer todos los caminos posibles que pueden recorrer las hormigas que le molestan en casa, desde su nido hasta la tarta que hay en la encimera de la cocina, incluidos los caminos ilógicos. El trabajo de Feynman también hizo posible la computación cuántica y la nanotecnología, y se encargó de enseñar los principios de la física a los profanos, descomponiendo ideas complejas en formas sencillas, como hace este libro.

Las piedras angulares de la física cuántica

Ya ha sonado la campana y la clase de historia ha terminado. Ahora es el momento de explorar las diferentes teorías que, juntas, forman el tejido de la física cuántica. No se preocupe, recibirá explicaciones claras que no le harán arrancarse los ojos.

Teoría cuántica de campos: También llamada TCC, esta teoría combina los principios de la mecánica cuántica, que rigen la naturaleza de las partículas subatómicas, con la relatividad, que trata todo lo relacionado con las grandes distancias y las altas velocidades. Gracias a la TCC, todo el mundo comprende ahora cómo interactúan las partículas subatómicas a través de diversos campos de fuerza. Pensemos que el mundo es un gigantesco océano de energía. Partículas como los fotones y los electrones actúan como ondas en este océano energético universal. ¿Qué causa las ondas? La propia energía.

Así, según la teoría cuántica de campos, las partículas actúan como excitaciones que provocan ondas ondulatorias que se producen en sus campos subyacentes. ¿Qué son estos campos subyacentes? Piense en ellos como mantas energéticas por todo el universo. Hay una manta (campo) distinta para cada tipo de partícula. Cuando usted elige un punto en un campo y le añade energía, la energía causa una perturbación u ondulación, que es la partícula misma.

Teoría de cuerdas: Según este marco teórico, las partículas no son simplemente puntos infinitesimales en el espacio, como se representa en la física convencional, sino más bien minúsculos trozos de cuerda. Las cuerdas pueden vibrar, y la forma en que vibran determina la masa de la partícula, su carga energética y otros rasgos únicos. Así pues, esta teoría estudia cómo viajan estas cuerdas por el espacio y cómo se afectan unas a otras en el proceso.

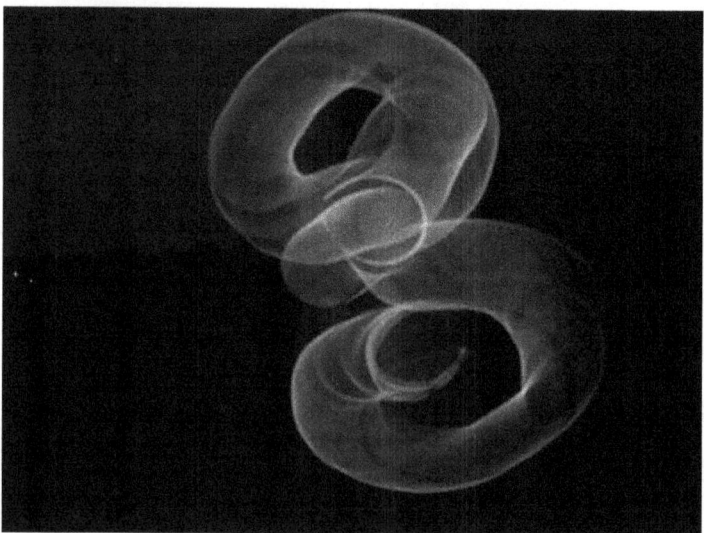

Una de las muchas interpretaciones visuales de la teoría de cuerdas [4]

Estas cuerdas pueden encontrarse en varios estados vibratorios, uno de los más importantes es el gravitón. El gravitón es una partícula regida por la mecánica cuántica que contiene la fuerza gravitatoria, y por eso la teoría de cuerdas también se conoce como teoría de la gravedad cuántica. Se trata de una teoría global que lo explica todo en el universo utilizando el lenguaje de las matemáticas, describiendo todas las fuerzas existentes y la materia en todas sus formas, conocidas y desconocidas.

Una de las implicaciones de esta teoría es que existen otros universos además del que conocemos, que funcionan con leyes físicas diferentes, y que hay otras dimensiones más allá de lo que se conoce sobre el tiempo y el espacio que siguen siendo imperceptibles... por ahora. Si le parece una locura, pruebe esto: Si la teoría de cuerdas es cierta, el universo es un holograma. ¿Le ronda por la cabeza una sensación de crisis existencial? Por ahora, mejor no.

Dualidad onda-partícula: Este concepto sugiere que todas las partículas pueden actuar como ondas y como partículas. Piense en la luz. Si la enfoca sobre una superficie, su efecto fotoeléctrico puede desprender los electrones del objeto, lo que demuestra que la luz puede actuar como una partícula. Es como cuando juega al billar y la bola blanca golpea a otra bola para que se mueva. La otra bola se mueve porque la blanca le transfiere energía una vez que entra en contacto y, en el contexto de la luz que golpea una superficie, también provoca el movimiento al desplazar los electrones de su sitio.

Si toma esa misma luz y la deja brillar a través de una rendija estrecha, ¿adivine qué? Actuará como una onda porque provocará un patrón de interferencia. ¿Y eso qué es? Es la luz formando un patrón de bandas claras y oscuras, que es algo que hacen las ondas. Puede entenderlo pensando en las ondulaciones de las olas que se crean al dejar caer una piedrecita en un estanque. La luz también puede ondularse. Lo mismo ocurre con otras formas de materia, como los electrones. Como partículas, pueden moverse de un lugar a otro, pero como ondas, se dispersan, por lo que no están atados a un lugar, sino que están en varios lugares a la vez.

Superposición cuántica: Este es un concepto de la mecánica cuántica que afirma que todas las partículas existen en más de un estado simultáneamente, a menos y hasta que alguien las observe. ¿Recuerda el gato de Schrödinger? Bueno, la ciencia detrás de eso es que es la atención y la observación lo que fija la posición y el estado de una partícula.

Las partículas están en superposición, es decir, en múltiples posiciones. No se mueven entre estas posiciones, sino que están en todas. ¿Ha oído alguna vez a su amigo chiflado de la *nueva era* decir algo así como: "Solo existe el aquí y el ahora"? Pues bien, este concepto es la forma científica de explicarlo. Sugiere que las partículas actúan como si todo lo que existiera fuera aquí y ahora, ¡al menos hasta que usted les presta atención! Cuando lo haga, elegirán un lugar.

Entrelazamiento cuántico: Este concepto de la mecánica cuántica consiste en que un par de partículas se conectan entre sí, de modo que, aunque estén lo más lejos posible la una de la otra, cualquier cambio que experimente una de ellas se reflejará en la otra, y por eso su calcetín inexistente de antes sigue lavándose y ensuciándose.

Para decirlo en términos científicos, no de calcetines, cuando conoce las medidas de una partícula, sabe lo mismo de la otra partícula. Ahora bien, puede pensar que seguramente, en algún punto del espacio más allá de cierta distancia, la conexión entre estas partículas debe romperse. Después de todo, ¿no es así como funciona el Wi-Fi? ¿Si sale a la calle y se aleja lo suficiente de casa, perderá la conexión con la red de su casa, cierto? Pues no es así.

Estas partículas enlazadas podrían estar a años luz de distancia, pero seguirían reflejándose porque están entrelazadas. Einstein se refería a esto como "espeluznante acción a distancia". Es una descripción adecuada del entrelazamiento cuántico y, si lo piensa, explica por qué ciertas prácticas espirituales requieren "magia simpática", en la que practicantes como los vuduistas, por ejemplo, utilizan objetos para representar a las personas a las que les gustaría ayudar o embrujar.

Principio de incertidumbre: También llamado principio de incertidumbre de Heisenberg, este concepto afirma que no hay forma de conocer simultáneamente la ubicación y la velocidad precisa de una partícula mientras se mueve en una dirección *específica*. Solo se puede saber una cosa o la otra. Cuando se puede seguir con precisión la ubicación, no se puede hacer lo mismo con su velocidad, y viceversa. ¿Qué ocurre? ¿Son inútiles los instrumentos científicos? No, no es así. Así funcionan las partículas cuánticas. Es como si su principio fuera el meme: "Nunca deje que sepan su próximo movimiento".

Túnel cuántico: Si lanza una pelota contra la pared, espera que la pared la detenga en seco, ¿verdad? También, si hace rodar esa misma pelota colina abajo, espera que siga avanzando, ¿verdad? En física cuántica, existe un concepto llamado tunelización cuántica, que sugeriría que en lugar de que la pelota fuera detenida por la pared o atravesara la colina, pasaría a través de ambos obstáculos.

Así, puede ver que esta teoría no funcionaría en la física clásica, porque si intenta conducir un coche a través de una barrera como una verja, provocaría un terrible accidente. Sin embargo, el tunelamiento cuántico ocurre con frecuencia en la física cuántica, ya que las partículas se mueven o hacen un "túnel" a través de obstáculos o barreras, como un cuchillo caliente a través de mantequilla inexistente.

Física cuántica aplicada

Hay muchas formas de aplicar la física cuántica a la tecnología moderna. He aquí un breve resumen de algunas de ellas. En primer lugar, los láseres. Funcionan por emisión estimulada. En pocas palabras, se utiliza una partícula de luz (fotón) para provocar una reacción o "estimular" un electrón ya excitado, haciendo que su estado energético descienda, lo que da lugar a la liberación de dos fotones de naturaleza similar, que producen un haz de luz potente y concentrado. Todo este proceso se basa en la física cuántica.

¿Y los transistores? La electrónica moderna, tal y como la conoce, no existiría sin ellos, lo que sería un fastidio. Los transistores son la piedra angular de toda la electrónica, y funcionan con el principio de la mecánica cuántica, que es cómo la electricidad fluye por donde debe a través de los circuitos.

Incluso el mundo de la medicina se beneficia de la física cuántica. Las máquinas de resonancia magnética son necesarias para diagnosticar los problemas de los pacientes, ya que ofrecen una imagen clara de lo que ocurre en el interior del cuerpo. La resonancia magnética funciona con la física cuántica. ¿Cómo? Esta técnica de imagen es posible controlando el espín de los núcleos atómicos y captando las ondas de radio resultantes cuando los núcleos vuelven a su estado real.

Luego está la criptografía, necesaria para garantizar que ningún tercero pueda descifrar los mensajes enviados de extremo a extremo. Si recibe un mensaje, usted es el único que puede leerlo, y nadie más puede hacerlo. En el campo de la seguridad se está investigando cómo incorporar los principios cuánticos al proceso criptográfico. ¿Cómo?

¿Sabe lo que significa el principio de incertidumbre? Si alguien observa una partícula, su comportamiento cambiará. En criptografía cuántica, si un fisgón intenta interponerse entre usted y su mensaje cuando este le es transmitido, el mensaje original se alterará significativamente, y esto le alertará a usted y al remitente del hecho de que uno de ustedes tiene asignado un agente personal del FBI.

Cosas para recordar

1. En la física cuántica, la energía no es algo nebuloso que no se puede medir. Se produce en unidades discretas.
2. Las partículas también actúan como ondas.
3. Las partículas existen en varios estados al mismo tiempo.
4. Dos partículas pueden enlazarse, reflejándose mutuamente sin importar su distancia.
5. No hay forma de saber con precisión la velocidad y la ubicación de una partícula.
6. Las partículas pueden moverse a través de varias restricciones de energía potencial, que es algo que la física clásica insiste en que es una imposibilidad.
7. El gato de Schrödinger es en realidad una explicación de la superposición y no significa que su gato muera cada vez que no puede encontrarlo.

Capítulo 2: Exploración del comportamiento de las partículas

Ahora que se ha introducido en el estrafalario mundo de la física cuántica, ¿qué es lo siguiente? En este capítulo, es hora de sumergirse en el comportamiento de las partículas, tanto como ondas como partículas a nivel cuántico.

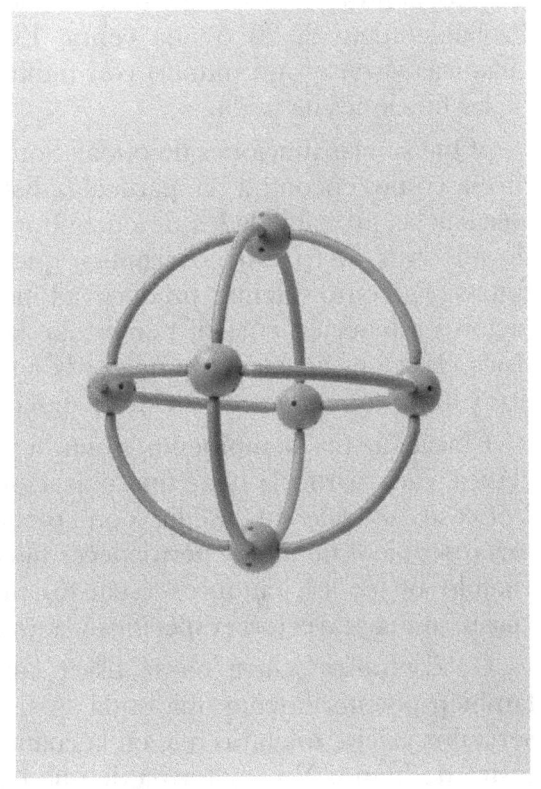

Partículas en el nivel cuántico [5]

Partículas clásicas frente a partículas cuánticas

Si quiere dominar la física cuántica, es esencial que conozca la diferencia entre el comportamiento de las partículas en el marco cuántico y en el clásico. Ya sabe algo de esto basándose en lo que ha aprendido en el capítulo anterior, pero no está de más repasarlo una vez más para ser exhaustivo.

Comportamiento determinista frente a comportamiento probabilístico: Cuando se trata de física clásica, puede determinarse cómo va a actuar una partícula en el futuro una vez que se conoce su estado actual. Por eso se conoce como determinista. Hay reglas, y todas las reglas se respetan. Cuando se conoce la velocidad a la que se mueve un planeta y su posición actual, se puede calcular dónde estará más adelante sin apenas margen de error. La física clásica tiene que ver con objetos macroscópicos, es decir, lo suficientemente grandes como para observarlos a *simple vista*.

Por otro lado, la física cuántica utiliza objetos microscópicos y, en este mundo, la probabilidad reina porque nada es definitivo. ¿Qué es 1 más 1? Probablemente 2, 20 o una cebra. Esto se debe a que las partículas cuánticas viven en un mundo con múltiples posibilidades que dependen de las funciones de onda.

¿Qué son las funciones de onda? Son como mapas de carreteras que le dicen cómo encontrar la partícula. Esto es lo que pasa. Solo puede calcular las probabilidades de encontrar la partícula en un lugar en lugar de en otros, pero eso no significa que haya fijado su comportamiento futuro. Es como intentar predecir adónde irá el humo. Hay demasiados factores a tener en cuenta, por lo que la predicción será imprecisa. Si la física clásica es en blanco y negro, la cuántica tiene todos los matices de gris y todos los colores conocidos y desconocidos.

Ubicación fija o momento frente a la incertidumbre: Según la física clásica, cada partícula tiene una ubicación fija y viaja a una velocidad fija. Por eso se pueden medir con precisión. En general, los objetos macroscópicos tienden a permanecer fijos en una posición determinada, y cuando no es así, entonces están en movimiento, lo que significa que viajan en una trayectoria específica y a una velocidad establecida.

Lo contrario ocurre en la física cuántica, donde cada partícula es también potencialmente una onda. Así, en la física clásica, una partícula sería una esfera, mientras que en la cuántica sería más bien una onda o un rastro de humo. No hay forma de que pueda seleccionarse "el humo" de ese rastro, y si se pudiera, ¡sería un truco impresionante!

Una de las razones por las que intentar medir tanto la posición como la velocidad de una partícula en física cuántica es una tontería es porque el mero hecho de observarla o intentar medirla provocaría una perturbación en su momento y viceversa.

Estado único frente a superposición: Ya sabe lo que es la superposición, así que no es necesario aburrirle con los detalles. Sin embargo, es importante saber que la superposición es un concepto que solo se aplica a la física cuántica y no a la física clásica. En la física clásica, una partícula solo puede estar en un lugar en un momento dado.

Para que lo entienda mejor, imagine que tiene una moneda. La moneda tiene dos caras: Cara y cruz. Si lanza esa moneda al aire y cae, solo puede caer en cara o en cruz. Claro que podría hacer un truco y dejarla caer de lado, pero no se trata de eso, así que no sea descarado. Incluso si cayera de costado, la cuestión es que, en física clásica, la moneda solo quedaría de costado, no de cara y cruz, como ocurriría en física cuántica.

Independencia frente a entrelazamiento: Ahora tiene dos monedas (es usted todo un Sr. Ricachón, ¿verdad?) Lance ambas monedas simultáneamente, y lo más *probable* es que caigan. Sin embargo, caerán independientemente la una de la otra. Que ambas caigan cara o cruz o que caigan en lados diferentes, depende de las condiciones iniciales antes de lanzar las monedas, y de otros factores que puedan haberlas afectado al girar en el aire y caer al suelo. Así funciona la física clásica. Ninguna moneda afecta a la otra. Cada partícula, según la física clásica, es independiente.

Sin embargo, en física cuántica, esas monedas pueden desarrollar una conexión, o una especie de "química energética", si se quiere. Tanto si sus monedas están en la misma habitación que usted como si están a galaxias de distancia, se afectan mutuamente. Si al lanzar una moneda sale cara, a quien tenga la otra moneda también le saldrá cara. En física cuántica, estas monedas (partículas) están entrelazadas. Gracias a la "espeluznante acción a distancia" de Einstein, ambas monedas están conectadas entre sí y pueden comunicarse.

Es cierto que el ejemplo de las monedas es un poco simplista, porque lo que ocurre con las partículas en la física cuántica es que, aunque los destinos de las partículas entrelazadas se afectan mutuamente, es imposible predecir lo que les ocurrirá en el futuro después o mientras se intenta medirlas.

Espectro de energía continuo frente a niveles de energía discretos: Piense en cómo puede aumentar o disminuir gradualmente el volumen de su televisor, o piense en un regulador de intensidad y en cómo puede reducir o aumentar gradualmente la luminosidad de su habitación. Según la física clásica, se puede añadir o quitar energía en cantidades infinitesimales para provocar un movimiento suave.

Según la física clásica, no hay límite a la cantidad de energía que puede contener una partícula. Sin embargo, según la física cuántica, cada partícula tiene niveles de energía discretos que son distintos y mensurables. ¿Qué significa esto? Al pasar de un nivel de energía a otro, en la física clásica, el movimiento es suave y continuo. En la física cuántica no es así, porque cada partícula tiene un nivel de energía discreto. Salta de un nivel a otro.

Ahora, volvamos a la analogía del regulador de intensidad. La partícula puede pasar directamente de la luz a la oscuridad y viceversa. El regulador de intensidad no sería un *regulador de intensidad*, ya que las partículas se teletransportan de la oscuridad a la luz de inmediato, en lugar de hacerlo a través de un aumento gradual de la luz. Esta es la razón por la que los letreros de neón tienen un resplandor vibrante al ver cómo los electrones se transportan para crearlo.

Profundizando en la dualidad onda-partícula

Aunque ya ha conocido el concepto de dualidad onda-partícula, hay mucho más que explorar. En 1928, Niels Bohr desarrolló su principio de complementariedad, según el cual la única forma de entender realmente los fenómenos cuánticos es conocer a fondo las propiedades de las ondas y las partículas. Puede preparar un experimento que haga que los fotones y los electrones actúen como ondas. Si se hacen algunos ajustes, estas partículas se comportan como partículas.

Pero, ¿cómo se puede diferenciar entre ambas? Cuando una partícula cuántica es una partícula, puede

Niels Bohr[6]

desprender electrones de las superficies. Esto se ve en el efecto fotoeléctrico, que fue descubierto por su genio favorito de pelo blanco, Albert Einstein, en 1905. Así que aquí viene un desglose. Piense en la luz como una onda que fluye continuamente, como las ondas de un lago o un estanque.

Según la física clásica, cuando se produce un aumento gradual del brillo o de la intensidad de la onda, es de esperar que se produzca el correspondiente aumento gradual de la energía que se transfiere a los electrones de, por ejemplo, una superficie metálica. Sin embargo, no importaría lo brillante que se volviera la luz. No sería suficiente para provocar la expulsión de electrones de la superficie.

Después de unas cuantas pruebas, Einstein se dio cuenta de que no importa lo intensa que sea la luz, siempre expulsará electrones de una superficie metálica si la frecuencia de energía está por encima de un determinado umbral. Dicho de otro modo, si tuviera la luz más brillante y su frecuencia no fuera lo suficientemente alta, los electrones permanecerían en su sitio.

Sin embargo, si la luz es débil, puede provocar la emisión de electrones si su frecuencia es alta. Las únicas partículas capaces de desalojar electrones son los fotones, que tienen una energía superior a la función de trabajo del metal, que es la menor cantidad de energía que se necesitaría para provocar la emisión de electrones.

Por otro lado, cuando los fotones y los electrones actúan como ondas, pueden interferir entre sí, y es esta interferencia la que da lugar a patrones claros y bandas oscuras que recuerdan a un estanque ondulante.

Ahora, vuelva su atención al principio de complementariedad. Este principio deja claro que no puede observar los rasgos de partícula y los rasgos de onda de una partícula al mismo tiempo. Sin embargo, hay que considerar ambos simultáneamente para poder describirlos plenamente, ya que se complementan. La dualidad onda-partícula es un concepto especialmente útil en fotónica, microscopía electrónica, computación cuántica y dispositivos semiconductores, entre otras aplicaciones.

Más sobre la superposición

Como ya ha descubierto, las partículas de la física cuántica nunca se encuentran en un estado definido, a menos que las observe. Por ejemplo, si le gusta jugar a la lotería, es como tener un boleto y no rasparlo todavía. Hasta el momento en que usted lo raspa, sigue siendo a la vez un billete ganador y un billete perdedor. Una partícula como un electrón está aquí y allá, pero cuando finalmente la observa, elige estar aquí o allá. Esto no es brujería. Es un concepto que se ha demostrado con experimentos de laboratorio con electrones. Aprenderá más sobre un famoso experimento llamado el *experimento de la doble rendija* en un capítulo posterior.

El concepto de superposición también se encuentra en la informática cuántica. Un bit es la unidad más pequeña de información que se utiliza en informática. En informática cuántica, los bits se denominan bits cuánticos o qubits. En este contexto, el qubit puede estar tanto en estado 0 como 1 (recuerde que los ordenadores funcionan con el binario de 0 y 1).

Es esta capacidad la que hace posible que un ordenador cuántico supere a los ordenadores normales, ya que son capaces de resolver los cálculos más complejos que usted pueda imaginar a una velocidad récord. En el momento en que preste atención a un sistema cuántico, este se verá obligado a elegir uno de los posibles estados disponibles. Este proceso se denomina ***colapso de la función de onda***. Una vez que se fija en un estado, cualquier otra posibilidad se vuelve inexistente.

La superposición destroza por completo las ideas de determinismo y localidad, piedras angulares de la física clásica. Esta es una de las razones por las que los físicos clásicos se oponen a la física cuántica. ¿Quién podría culparles? Al fin y al cabo, da un poco de miedo pensar que no se puede predecir el futuro del universo. Si hay algo que la mayoría de la gente teme, es lo desconocido. Además, ¿se imagina un mundo en el que nada está fijo?

Imagine que invita a un amigo a almorzar. Le pregunta cuándo tiene que venir y usted le dice que a las 12:00 de dentro de dos años o a las 17:00 de hace tres semanas.

Le preguntan por su dirección, y usted les dice que probablemente esté en la esquina del callejón Diagon con la Sexta Avenida y probablemente en el sector 12, en el lado oscuro de la Luna. Necesitarán toda la suerte del mundo para encontrar un Uber que les lleve hasta allí, y si Rolex consiguiera crear un reloj de pulsera cuántico, ¡se forrarían!

Todo esto viene a decir que cuando se trata de superposición, lo definitivo no existe. Sin el efecto observador (el fenómeno por el que la atención sobre una partícula la fija en el espacio y el tiempo), todo es una nebulosa de probabilidades.

En el túnel cuántico

La teoría del túnel cuántico ya se ha explicado en el capítulo anterior. En física clásica, cuando lanza una pelota de béisbol contra la pared, esta rebota. Esa pelota no puede atravesar la pared a menos, claro está, que sea la plataforma 9 ¾ del "Potterverso". También es imposible que esa pelota se abra camino por la colina a menos que le ponga suficiente energía cinética detrás para que se mueva.

En física cuántica, el túnel cuántico existe. La partícula que hace el túnel no necesita "suficiente" energía para atravesar los obstáculos. ¿Cómo es posible? En física cuántica, se habla de partículas en el contexto de funciones de onda, que son funciones matemáticas que explican la probabilidad de localizar una partícula específica en varios lugares.

Cada vez que una partícula se encuentra cara a cara con un obstáculo o barrera, la función de onda desciende drásticamente, pero nunca tanto como para llegar a cero mientras se encuentra dentro del obstáculo. Dado que existe una probabilidad distinta de cero de encontrar la partícula en el lado opuesto de la barrera, esto es lo que permite a la partícula hacer un túnel a través de ella.

¿Esto empieza a sonar demasiado a galimatías? Pues, en pocas palabras, una probabilidad distinta de cero significa una "pequeña posibilidad". La función de onda es básicamente una nube o un rastro de humo que rodea a la partícula. Si tiene una nube especialmente densa, es probable que encuentre la partícula dentro de ella.

Una disminución drástica de la función de onda significa que la nube sería cada vez más fina a medida que se avanza en la barrera que obstruye la partícula. Cuanto más fina sea esa nube, menos probable es que encuentre la partícula en ella. Ahora bien, que la función de onda haya disminuido no significa que desaparezca totalmente cuando está dentro de la barrera u obstáculo, lo que da a la partícula esa "pequeña posibilidad" o probabilidad no nula de aparecer al otro lado.

Colisiones de partículas

Cada partícula tiene su propio campo. Los campos hacen posible que las partículas se conecten entre sí. Fijémonos, por ejemplo, en los electrones. Su interacción implica el intercambio de fotones virtuales, que son diferentes de los normales. Los fotones normales son las partículas que se pueden captar como radiación electromagnética o luz, mientras que los fotones virtuales son herramientas matemáticas que se utilizan en física cuántica para explicar cómo interactúan entre sí las partículas cargadas. Son "virtuales" porque no hay forma de observarlos directamente, y se utilizan para contener todo tipo de energías, incluidas energías que no son físicas.

No hay forma de entender plenamente el mundo cuántico sin conocer la colisión de partículas, que es un término para explicar la forma en que interactúan las partículas. Estas colisiones duran poco tiempo y pueden producirse entre partículas subatómicas, como protones y electrones, o más grandes, como moléculas y átomos.

Existen tres tipos de colisiones: Elásticas, inelásticas y perfectamente inelásticas. En las colisiones elásticas, la velocidad (momento) y la energía cinética (la energía necesaria para que las partículas se muevan) se conservan en el proceso. Las colisiones inelásticas conservarán el momento, pero no la energía cinética. En cuanto a las colisiones perfectamente inelásticas, una vez que las partículas han colisionado, permanecen pegadas.

Los científicos estudian estas interacciones para comprender mejor las leyes del mundo cuántico, y trabajan con aceleradores de partículas como el Gran Colisionador de Hadrones del CERN para aprender más. Dispositivos como estos hacen que las partículas se muevan a gran velocidad y choquen entre sí con la fuerza suficiente para formar nuevas partículas que puedan estudiarse. Este proceso es la forma en que se descubrió la partícula bosón de Higgs. Esta partícula es única porque es la responsable de dar masa a otras partículas.

Los "vale, pero" de la física cuántica

Así que entiende los fundamentos de la física cuántica, pero ¿qué ocurre? Seguramente, algunos conceptos no caben en la caja de la física cuántica, ¿verdad? Pues está en lo cierto. Para terminar este capítulo, he aquí algunos de los retos de esta rama de la física:

1. El hecho de que la mecánica y la física cuánticas traten sobre el estudio del universo microscópico hace que sea difícil para muchos relacionarse con ella, y ciertamente no ayuda que muchos de los descubrimientos y teorías en este campo no encajen con el sentido común.

2. Algunos aspectos de la física cuántica siguen siendo difíciles de aplicar en el mundo real macroscópico, sobre todo en lo que se refiere a la tecnología.

3. En la práctica, la superposición acaba rompiéndose en un estado de decoherencia en el que la partícula que era "todo, en todas partes, todo a la vez" es ahora solo una cosa en un estado en el presente. La superposición podría ser una bendición para la computación cuántica en cuanto algún genio descubra cómo detener el proceso de decoherencia.

Aún difícil de alcanzar

Algunos aspectos del comportamiento de las partículas siguen siendo objeto de estudio en la física cuántica. Por ejemplo, algunas partículas tienen memoria, ya que son capaces de recordar su pasado. Son los llamados *anyones no abelianos*, sobre los que se investiga desde hace décadas. También hay otro tipo de partículas, los *neutrinos*. A medida que viajan por el espacio, pueden cambiar de un tipo o "sabor" de partícula a otro, oscilando de uno de los tres sabores a otro mientras se mueven. Pueden ser neutrinos electrónicos, neutrinos muónicos o neutrinos tau. Por último, algunos metales son todo menos convencionales, ya que contienen partículas de alta energía que podrían ayudar a los científicos a encontrar una nueva forma de fabricar detectores capaces de captar longitudes de onda que los instrumentos científicos no pueden detectar en la actualidad.

Capítulo 3: ¿Qué es la luz?

Ha llegado el momento de hablar de la luz. Puede que no se dé cuenta, pero la luz es mucho más que solo "luz", ¿comprende? En este capítulo aprenderá más sobre ella a medida que descubra la teoría cuántica de la luz, que explica cómo se comporta cuando se estudia desde un nivel cuántico.

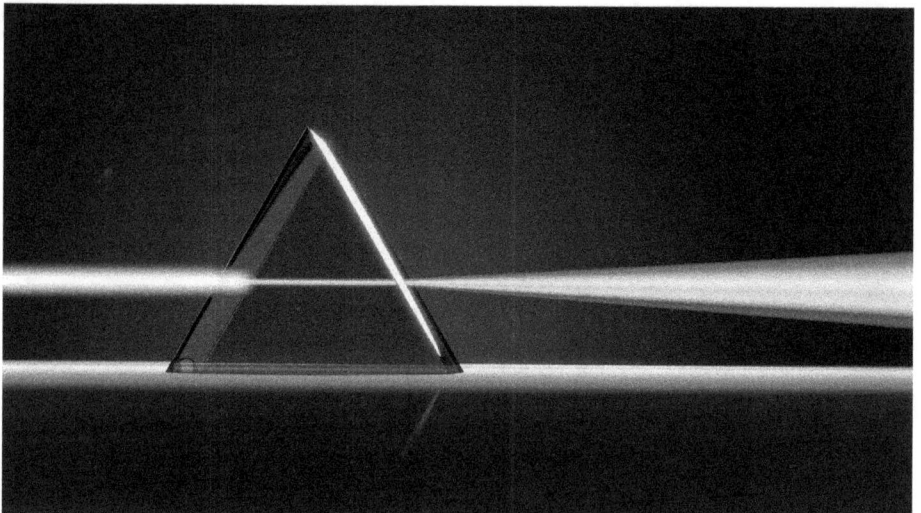

Descubra la teoría cuántica de la luz'

De la óptica clásica a la óptica cuántica

No se puede hablar de la luz sin hablar de la óptica. Pero, ¿qué significa "óptica" en primer lugar? La óptica clásica es un aspecto de la física que trata de ofrecer una descripción completa de la luz, con la perspectiva de que los rayos luminosos se mueven por el espacio en línea recta, a través de objetos que son lo suficientemente grandes como para que los veamos con nuestros ojos sin ningún instrumento especial.

En esta rama de la óptica, los científicos sienten curiosidad por saber cómo se abre paso la luz a través del vidrio, el agua, el aire y otros medios macroscópicos como esos. Cada vez que la luz atraviesa estos medios, no lo hace en silencio. Si pudiéramos observar las moléculas y los átomos del medio, nos daríamos cuenta de que la luz hace mucha magia. Por ejemplo, se curva cuando tiene que pasar de un medio a otro mediante el proceso de refracción. A veces, rebota para crear un reflejo; otras, es absorbida por el medio.

¿Y la óptica cuántica? Es un aspecto de la física AMO (física atómica, molecular y óptica) que trata de cómo la luz interactúa con la materia cuántica. Sin duda, se necesitarán instrumentos especiales para observar la luz en acción, porque los ojos humanos no pueden captar la información cuántica, al menos de momento. Quizá esto cambie con las nuevas versiones del Neuralink de Elon Musk.

Los físicos cuánticos ven la luz de otra manera. Pregúntele a alguno y le dirá que está hecha de fotones, que son paquetes discretos de energía. Pero, ¿qué quieren decir con "discretos"? ¿Es una "luz secreta"? Se le perdonaría que pensara eso. Estos fotones son "discretos", no "discretos", en el sentido de que cada uno de estos paquetes de energía tiene atributos y medidas fijas. Sus rasgos están definidos y no en un espectro, por eso estos paquetes se conocen como cuantos (porque están "cuantizados").

La energía de un fotón solo puede estar en determinados múltiplos de una unidad básica, que puedes calcular utilizando la constante de Planck (h) y la frecuencia de la luz (f) mediante la fórmula $E=hf$.

Aquí, querido lector, radica la diferencia clave entre la óptica clásica y la cuántica. En la primera, a la energía se le puede asignar cualquier valor y existe en un rango continuo en lugar de ser discreta o cuantizada. Además, la óptica cuántica respeta los principios de la mecánica cuántica, que, como usted sabe, no encajan bien con la física clásica. La esencia de la óptica cuántica es ayudar a todo el mundo a comprender las extrañas y espeluznantes cosas que ocurren con la luz a nivel cuántico.

He aquí un resumen de las diferencias entre ambos campos de la óptica. La visión clásica de la óptica sostiene que la luz se produce en ondas continuas, mientras que la óptica cuántica ve la luz como partículas individuales llamadas fotones, con la capacidad de mostrar un comportamiento ondulatorio, en línea con la dualidad onda-partícula de la física cuántica.

La óptica clásica sostiene que se puede tomar o asignar cualquier valor a la luz, ya sea en términos de momento, energía u otras cantidades, mientras que la óptica cuántica insiste en la discreción de los valores de la luz. Otra cosa que la física cuántica considera cierta sobre la luz es la teoría del entrelazamiento. Esta postula que las partículas de luz pueden enlazarse entre sí, y de hecho lo hacen, de modo que se reflejan mutuamente independientemente del espacio que haya entre ellas.

Sería negligente hablar de óptica cuántica sin mencionar la electrodinámica cuántica o EDC, la teoría cuántica relativista de campos de la electrodinámica. Por si le parece que la frase anterior podría haberse resumido como "jerigonza", aquí tiene un desglose de lo que significa.

Ya sabe que la teoría cuántica de campos es el estudio de las interacciones entre partículas. La electrodinámica consiste en examinar más de cerca las *partículas cargadas eléctricamente*, en particular, y observar cómo interactúan con la luz. En cuanto a la palabra "relativista", procede de la teoría de la relatividad de Einstein, que, si recuerda, afirma que no importa lo rápido que vaya, las leyes de la física y la velocidad de la luz permanecerán constantes para todos y todo lo que le observe.

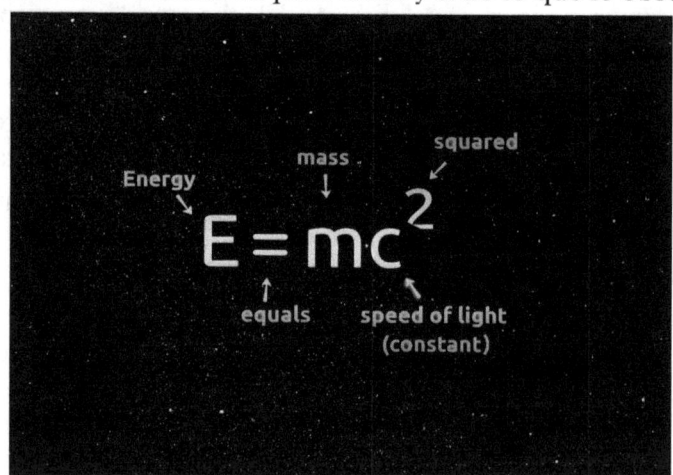

La teoría de la relatividad de Einstein afirma que no importa lo rápido que vaya, las leyes de la física y la velocidad de la luz permanecerán constantes para todos y todo lo que le observe "

Ahora bien, si juntamos todo esto, la teoría EDC es una combinación del estudio de lo más pequeño (mecánica cuántica) y lo más rápido (relatividad especial) para aclarar cómo interactúan entre sí la materia y la luz.

Nota interesante: Esta teoría es la primera de todas en el campo cuántico, y de hecho se alinea bien con la teoría de la relatividad de Einstein. Utilizando el lenguaje de las matemáticas, la EDC describe todo lo que ocurre con las partículas cargadas eléctricamente cuando intercambian fotones, y es la respuesta cuántica al electromagnetismo clásico.

Según la electrodinámica cuántica, la interacción entre fotones y materia (también llamada "acoplamiento") consiste en un intercambio de energía entre ambos. Se trata de un proceso coherente, es decir, que tanto la materia como la luz se encuentran en la misma frecuencia y fase, lo que permite que el intercambio de energía se produzca sin pérdida alguna y sin que se apague o disipe.

Para entenderlo mejor, piense en lo que implican las interacciones "incoherentes": En este caso, la energía intercambiada se pierde en forma de radiación o calor. Volvamos ahora a la cuestión del intercambio energético coherente entre la luz y la materia. En la EDC, las partículas de ambos lados tienen la misma energía y momento.

Ahora bien, existen cuatro fuerzas fundamentales de la naturaleza.

1. **La gravedad:** La fuerza que atrae dos objetos entre sí siempre que tengan energía o masa. La gravedad también resulta ser la más débil de las cuatro fuerzas, pero compensa esa debilidad con el hecho de que no hay una sola cosa en todo el universo que no se vea afectada por ella.

2. **El electromagnetismo:** Luego está el electromagnetismo, que es el que se encuentra entre partículas cargadas eléctricamente y crea campos magnéticos y eléctricos. A diferencia de la gravedad, el electromagnetismo no tiene tanto alcance, y si quiere anularlo, solo necesita cargas opuestas, y se acabó.

3. **Fuerza nuclear fuerte:** A continuación, está la fuerza nuclear fuerte, responsable de mantener unidos un neutrón y un protón al núcleo de un átomo. Por algo se llama "fuerte", ya que es la más poderosa de las cuatro fuerzas naturales.

4. **Fuerza nuclear débil:** Por último, está la fuerza nuclear débil, que da lugar a la fusión nuclear y a la desintegración radiactiva y que solo se encuentra en las partículas subatómicas. Según el punto de vista clásico, la luz y la materia se ven como cosas distintas, y la luz solo se ve como una onda. Sin embargo, según la EDC, la luz y la materia se consideran unificadas.

Los pioneros de la EDC

¿Quiénes son las mentes brillantes que fueron pioneras en esta teoría cuántica de campos y qué aportaron? Bueno, ya conoce a **Paul Dirac**, que fue el primero en proponer la teoría cuántica de la interacción entre la radiación y la materia. También inventó el término "electrodinámica cuántica", que compartió con el mundo en 1928. Dirac elaboró la ecuación matemática que explicaba qué ocurría con el movimiento de los electrones y cómo giraban. Bautizó su explicación como "la ecuación de onda".

El siguiente fue **Enrico Fermi**. Enrico ideó una brillante formulación de la electrodinámica cuántica en 1932. ¿Cómo? Trabajó con la idea de las partículas virtuales, utilizándolas para aclarar cómo interactúan las partículas cargadas con las partículas ligeras. Otras menciones honoríficas son las de **Felix Bloch, Arnold Nordsieck y Victor Weisskopf**, que arrojarían luz sobre el problema que los físicos se encontraban constantemente cuando se trataba de infinitos en los cálculos de orden superior.

Enrico Fermi [9]

Sí, quiere eso desglosado, ¿verdad? Recuerda que la EDC trata de la interacción entre la luz y la materia a nivel cuántico, ¿verdad? Pues bien, los físicos solo predicen estas interacciones a través de la lente de la teoría de perturbaciones, que puede considerarse como la realización de una serie de cálculos aproximados que se vuelven más precisos con cada nueva iteración.

Estos tres científicos descubrieron que la teoría de perturbaciones era muy deficiente. Cada vez que querían aproximaciones más exactas, obtenían respuestas que no cuadraban. Las respuestas eran infinitas, y por eso ese fenómeno se llama "el problema de los infinitos", lo que significaba que no se podía confiar en la EDC porque carecía de consistencia y, por tanto, no se podía confiar en ella.

Así que Bloch y Nordsieck se reunieron para resolver este problema y descubrir algo que les ayudara a eludir el problema de los infinitos en un contexto específico. En esta situación, cuando las partículas cargadas emitían luz de muy baja energía, los infinitos se anulaban, lo que significaba que las predicciones de los científicos podían coincidir con sus experimentos. Esta solución se conoce como el teorema de Bloch-Nordsieck.

En cuanto a Weisskopf, trabajó por su cuenta y descubrió que había otro caso único que permitía evitar el problema de los infinitos: Cuando las partículas cargadas absorben luz, que resulta ser de mayor energía.

¿Se resolvió alguna vez el problema de los infinitos? Sí. A finales de la década de 1940, **Richard Feynman, Julian Schwinger y Shin'ichiro Tomonaga** idearon una solución de forma independiente, desarrollando una versión de la EDC que era fiable y precisa. Feynman ofreció sus diagramas, Schwinger desarrolló el principio de acción y Tomonaga compartió sus ideas sobre la renormalización. Los diagramas de Feynman son dibujos que muestran cómo los fotones y los electrones interactúan entre sí intercambiando fotones, y representan matemáticamente las probabilidades de que estas partículas interactúen de una manera específica. Sus diagramas funcionan porque asignó a algunos de ellos un signo negativo, lo que significaba que después de sumarlos todos, los infinitos se cancelaban, dejando tras de sí respuestas que tenían sentido.

El principio de acción de Schwinger dice que cuando se tiene un sistema físico, su acción, que es una cantidad que los físicos utilizan para medir cómo cambia dicho sistema a lo largo del tiempo, será siempre el valor más pequeño o más grande posible. Esta regla le ayudó a explicar los movimientos y campos en la EDC. Pero Schwinger no se quedó ahí. Utilizando un método que denominó "regularización", descubrió que se podía añadir un pequeño número a los valores para forzar a los infinitos a convertirse en finitos y, al final del cálculo, eliminar ese mismo número.

La renormalización de Tomonaga es otro método interesante centrado en el hecho de que cuando se trata de los números de la electrodinámica cuántica, como los valores de la carga y la masa del electrón, esas cifras nunca son fijas. Por el contrario, están en un estado de flujo, y su valor depende de lo pequeñas o rápidas que sean estas características cuando se miden. Así, Tomonaga utilizaba su método para cambiar las cifras y eliminar los infinitos.

El efecto fotoeléctrico y el efecto Compton

Este es un capítulo sobre la luz, así que tiene sentido hablar del efecto fotoeléctrico. ¿De qué se trata? Es cuando la luz provoca la expulsión de electrones de la superficie de un metal, lo que fue observado por primera vez por Heinrich Hertz en 1887. Este fenómeno no se explicó hasta que Albert Einstein ofreció una explicación en 1905.

Desde el punto de vista de la física clásica, la luz es una onda que puede tener cualquier cantidad de energía en función de la rapidez con que vibra y de la intensidad con que brilla. Se suponía que el número de electrones expulsados (y su energía) se reducía a estos dos factores, *pero los experimentos demostraron lo contrario*. ¿Qué demostraron los experimentos?

1. La intensidad de la luz determinaba cuántos electrones se emitían. En este caso, más intensidad significa más electrones.
2. La energía de los electrones depende de la frecuencia de la luz. Así, si la luz tiene una longitud de onda más corta o una frecuencia más alta, los electrones emitidos tendrían más energía.
3. Existe un umbral específico por debajo del cual no se pueden expulsar electrones. Este es el caso cuando la luz tiene una longitud de onda más larga o una frecuencia más baja. Además, su luminosidad no influye en absoluto.
4. Por último, el proceso de expulsión de electrones se produce en el momento en que la luz entra en contacto con el metal. ¿Sabe que tiene que mantener una cuchilla sobre el fuego durante un rato para que finalmente se caliente? Pues no es así como funciona cuando la luz choca con el metal, porque la emisión es instantánea.

Einstein se imaginó que los resultados eran los que eran, gracias a que la luz es un flujo de fotones, cada uno con una cantidad de energía determinada por su frecuencia. La fórmula que ideó para explicar la energía de un fotón es ***E = hf***, siendo E la energía, f la frecuencia y h la constante de Planck, de la que ya se ha hablado.

Einstein también planteó que cada fotón solo podía transferir energía a un electrón, y no solo eso, sino que el metal también necesitaba una función de trabajo (una cantidad determinada de energía) para expulsar un electrón. Su fórmula para calcular la energía cinética contenida en un solo electrón emitido por el metal es ***KE = hf - W***, siendo KE la energía cinética, f la frecuencia, h la constante de Planck y W la función de trabajo.

El efecto fotoeléctrico demuestra que la luz puede actuar como onda y como partícula, y que su energía debe ser cuantizada. También demuestra que la luz y la materia no interactúan entre sí de forma continua y suave, sino probabilística.

Una vez aclarado esto, es esencial centrarse en el efecto Compton, que debe su nombre a Arthur Compton. Este efecto se observó por primera vez en 1923. Arthur descubrió que la luz puede cambiar su frecuencia (color) o longitud de onda y dispersar electrones, lo que demuestra que la luz actúa realmente como una partícula.

La física clásica siempre supuso que la luz dispersada tendría la misma frecuencia que la luz incidente. Para que quede claro, la luz dispersa es la luz que se produce como resultado del rebote de los electrones, mientras que la luz incidente es la luz antes de que se produzca el rebote. Una vez más se demostró que la física clásica estaba equivocada, ya que los experimentos demostraron que:

1. La frecuencia de la luz dispersa es mucho menor que la de la luz incidente. En otras palabras, tiene la frecuencia más baja de las dos luces.
2. La longitud de onda o la frecuencia cambian en función del ángulo en el que se produce la dispersión. Así, si el ángulo es mayor, cabe esperar cambios mayores, y cuanto menor sea el ángulo, menores serán los cambios.
3. Estos cambios de frecuencia no tienen nada que ver con la intensidad de la luz.

Arthur Compton confirmó la teoría de que la luz es un flujo de fotones. Para entender visualmente el efecto Compton, la luz dispersa tendrá un tono más rojizo que la luz incidente. ¿Cómo se produce? En primer lugar, el fotón choca con el electrón y, en el proceso, el primero cede parte de su impulso y energía al segundo, haciendo que los electrones se muevan más rápido y que el fotón pierda su propio impulso y energía. Así, observará que el fotón pierde su tonalidad azul y se parece más al rojo.

Arthur Compton confirmó la teoría de que la luz es un flujo de fotones [10]

Estados cuánticos, estados coherentes y estados comprimidos

Piense en los estados cuánticos como explicaciones matemáticas de los diferentes resultados que se obtienen cuando se miden sistemas como fotones, moléculas o átomos para rastrear variables como el espín, la polarización, la energía, etc. Los estados cuánticos se representan con símbolos conocidos como kets o vectores ket. Se pueden escribir los estados cuánticos de los sistemas físicos utilizando combos de estados más simples, también llamados estados base. Estos *estados base* tienen un valor establecido para cada propiedad que se está midiendo.

Un fotón con energía cero se escribe como |0>. Si tiene 1 unidad de energía, se escribe como |1>. Otra forma de escribir el estado cuántico de un fotón es usando una combinación de otros dos tipos de estados base, donde el fotón está polarizado horizontalmente (|+>) o verticalmente (|->). También está el fotón que se escribe con los estados base |L> y |R>, que significan que el fotón tiene una polarización circular izquierda o derecha, respectivamente.

Una cosa que hay que tener en cuenta sobre los estados cuánticos es que no se pueden conocer simultáneamente todas las características de un sistema físico, debido al principio de incertidumbre. Además, como el estado cuántico de un sistema interactúa con su entorno o con otros sistemas, cambia con el tiempo. Este cambio se calcula mediante la ecuación de Schrödinger. El mero proceso de medir cualquier cosa sobre un sistema es suficiente para cambiar su estado cuántico, forzándolo a colapsar o seleccionar uno de los estados base. ¿Cuál de ellos? Es imposible predecirlo, al menos por ahora.

Así que, cuando considere el estado cuántico de la luz, conocerá las probabilidades que obtendrá al medir sus propiedades, y no podrá predecir el colapso de la función de onda. Algunos estados cuánticos son más útiles o significativos que otros, como los estados coherentes, los estados comprimidos y los estados entrelazados.

Los estados coherentes son estados cuánticos de la luz con características especiales. Nunca fluctúan en el tiempo porque su fase y amplitud permanecen constantes. Su forma y tamaño permanecen invariables en el tiempo, al igual que su dirección y color. Por eso, la luz en estados coherentes no puede mezclarse con otros colores. Además, los estados coherentes son armoniosos, es decir, se mezclan bien con otros fotones u ondas de luz.

Fíjese en los láseres, como ejemplo. (Láser es el acrónimo de "amplificación de la luz por emisión estimulada de radiación"). La emisión estimulada es un proceso cuántico. Se produce cuando un fotón estimula o excita una molécula o átomo con la misma energía para crear un nuevo fotón con el mismo nivel de energía, dirección, fase y frecuencia. Los fotones que se crean son todos iguales y coherentes. Estos estados coherentes facilitan el seguimiento de la fase de la luz, lo que es importante en métodos de medición como la metrología, la espectroscopia y la interferometría.

Los láseres se crean cuando un fotón estimula o excita una molécula o átomo con la misma energía[11]

Los estados entrelazados también pueden generarse mediante estados coherentes. Los estados entrelazados son estados cuánticos en los que dos o más sistemas físicos están inexplicablemente correlacionados entre sí, y estos estados son excelentes para realizar avances en los campos de la computación, la comunicación y la información cuánticas.

Los estados de compresión son estados cuánticos de luz que tienen una incertidumbre menor en un rasgo de luz frente a otro con el que está especialmente relacionado. Estos estados pueden crearse utilizando espejos, fibras, cristales y otros materiales similares. La ventaja de la luz en estado comprimido es que se puede utilizar para realizar mediciones mucho más precisas, mejorar la criptografía, acelerar los cálculos y mucho más.

Así que, ahora que lo entiende todo sobre la óptica según la física cuántica, es hora de sumergirse en los diversos experimentos cuánticos que dieron forma al campo de la física cuántica. Obtendrá explicaciones detalladas de los montajes experimentales, los procedimientos y los resultados observados.

Capítulo 4: Observaciones cuánticas, experimentos y sus interpretaciones

En este capítulo aprenderá más sobre algunos de los experimentos cuánticos más famosos que han conducido al estado actual de la física cuántica.

El experimento de la doble luz de Young (1801)

El experimento de la doble luz de Young demostró que la luz actúa como una onda. Antes de que Young llevara a cabo este experimento pionero, había dos principios a los que los científicos se aferraban firmemente en lo que respecta a la luz: La teoría corpuscular, que postuló Isaac Newton, y la teoría ondulatoria de Christiaan Huygens.

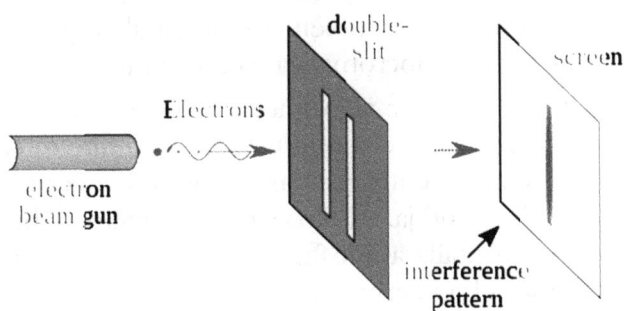

Experimento de la doble rendija de Young [12]

La teoría de Newton sobre la luz era que estaba formada por partículas diminutas y que solo se movían en línea recta. Entonces, Huygens sugirió que la luz estaba formada por ondas y que estas ondas podían curvarse, lo que significaba que podían afectarse e interferir entre sí.

Por aquel entonces, algunos científicos estaban más de acuerdo con la idea de Newton que con la de Huygens. En su opinión, la teoría de Huygens ofrecía una explicación obvia y muy superior de por qué la luz se refracta y se refleja que la teoría ondulatoria. Eso no significaba que la teoría corpuscular no estuviera plagada de sus propios problemas.

Por ejemplo, ¿por qué la luz puede difractarse o curvarse alrededor de una rendija o de los bordes de un objeto? La teoría de Newton nunca pudo explicar ese fenómeno. ¿Por qué la luz puede crear colores cuando entra en contacto con finas películas de manchas de aceite o pompas de jabón? Otra pregunta que la teoría corpuscular no pudo aclarar. Tampoco ofrecía la mejor explicación de cómo la luz tiene el rasgo distintivo de ser incapaz de colisionar entre sí cada vez que dos o más haces se cruzan entre sí.

Young se quedó prendado de la luz y de su naturaleza. Este físico, también médico, vio una vez la luz a través de la lente de la teoría de las partículas, pero sus investigaciones le mostraron las ventajas de la teoría ondulatoria, que explicaba bien lo inexplicable. Descubrió que las ondas luminosas podían interferir entre sí. "Interferir" en este contexto se refiere al hecho de que las ondas luminosas pueden anularse y combinarse, dependiendo de sus posiciones relativas. Así que, impulsado por su deseo de aprender todo lo que pudiera sobre la luz, decidió hacer su famoso experimento de la doble luz.

Young lo mantuvo limpio y con clase. No creía en complicar las cosas para parecer impresionante. La forma más sencilla de reproducir este experimento es utilizar un objeto opaco, como una pared o un bloque, que tenga talladas dos rendijas. También necesitará algo que mantenga el objeto en su sitio y una luz monocromática (como un láser).

Esta fuente de luz debe tener algo que la sostenga, de modo que la única razón por la que se mueva sea que *usted quiera que lo haga*. La luz debe estar dirigida hacia el centro de las rendijas y colocada a medio metro del objeto de doble rendija. Al otro lado del objeto, debe haber una pared blanca lisa o una pantalla a unos metros de distancia. Cuando haya terminado de preparar el experimento, observará que en la pantalla aparecen bandas oscuras y claras.

La luz láser es excelente para este experimento porque puede crear un fotón o más cuando se alimenta con suficiente electricidad, y esas partículas pueden salir del agujero más pequeño imaginable después de un tiempo determinado. Como la velocidad de la luz no es una variable, sino una cifra fija, es posible establecer un tiempo para que los fotones aparezcan en su pantalla.

Si los fotones de su láser se crean uno tras otro, aparecerán como puntos de luz individuales, lo que demuestra que son partículas. Si son ondas, lo normal es que se separen o dispersen a medida que avanzan, lo que significa que se iluminará una amplia zona de la pantalla, *pero eso no es lo que ocurre*. Al ser partículas, los fotones deberían aparecer en dos puntos distintos de la pantalla o la pared, *pero no es así*.

Young no tenía acceso al láser cuando realizó su experimento. Abordó el proceso con la idea de que la luz debe ser como las ondas de agua… y supuso que las ondas de luz viajarían desde su fuente de la misma forma que se extienden las ondas cuando se deja caer un guijarro en un lago. También supuso que una vez que las ondas que viajan llegan a las rendijas dobles, se convierten en dos ondas distintas en el momento en que pasan a través de las aberturas.

La luz no aparecía como ondas en la pantalla cuando Young hizo este experimento. En su lugar, se hizo evidente que los fotones golpeaban la pantalla por sí solos. Además, una de estas partículas podía interferir consigo misma del mismo modo que lo haría una onda, según la física clásica. El fotón podía dividirse una vez que llegaba a la doble rendija, solo para reunir sus partes una vez que golpeaba la pantalla.

El efecto fotoeléctrico (1887)

Imagíneselo: Un laboratorio oscuro en Alemania. Corre el año 1887. Heinrich Hertz, un joven de 30 años, trabaja duro observando lo que ocurre cuando proyecta un haz de luz ultravioleta sobre una placa de metal. Observa fascinado cómo la placa de metal desprende chispas. Pero en realidad no es la emisión lo que le llama la atención. Es bien sabido que los metales son excelentes conductores de electricidad, ya que los electrones de este material no están tan rígidamente unidos a los átomos, lo que significa que no se necesita mucho para desprenderlos con la cantidad e intensidad de energía adecuada.

Así pues, Hertz tenía ante sí un rompecabezas. Se dio cuenta de que las frecuencias de las ráfagas de luz que hacían posible la emisión de electrones dependían del metal en cuestión. También observó que cuando aumentaba el brillo de la luz, se emitían más electrones. Sin embargo, no había un aumento correlativo de la energía. Cuando utilizaba frecuencias de luz más altas, obtenía electrones con mayor energía. Sin embargo, no se producía un aumento proporcional en el número de electrones.

Este fenómeno acabaría denominándose efecto fotoeléctrico, que un joven Albert Einstein sería capaz de explicar completamente más tarde, en 1905. El efecto fotoeléctrico era todo un enigma para la física clásica, pero también sería una de las primeras victorias que se anotaría Einstein durante su carrera. Este efecto demuestra el hecho de que la luz está cuantizada.

He aquí un desglose más sencillo del efecto. He aquí un desglose más sencillo del efecto. Cuando se hace brillar una luz sobre un metal, se emiten electrones que absorben la luz. Cuando estas partículas tienen suficiente energía, se liberan del metal. La física clásica suponía que la luz era solo una onda y que no hay una cantidad específica de energía que intercambie con el metal. La suposición clásica, por tanto, es que cuando se ilumina el objeto metálico, los electrones del objeto absorben la luz y la energía aumenta gradualmente hasta que hay suficiente para provocar el proceso de emisión de electrones. Además, era de esperar que, al incidir aún más luz sobre el metal, se observara que las partículas emitidas se mueven con una energía cinética mucho mayor. Por otro lado, si la luz es demasiado débil, no hay forma de que el metal desprenda electrones a menos que pase suficiente tiempo.

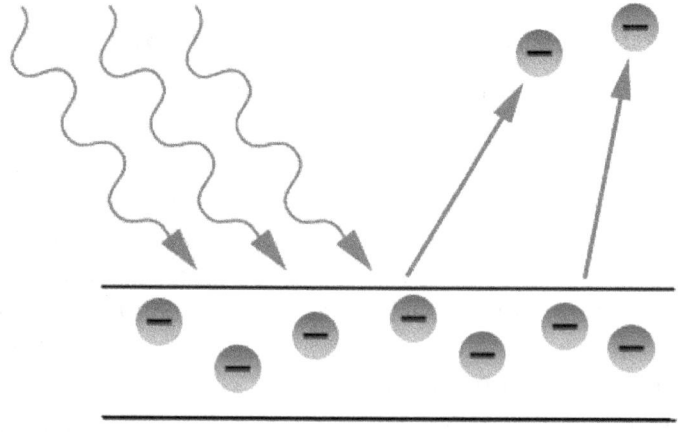

El efecto fotoeléctrico [18]

He aquí la cuestión: El experimento demostró que estas suposiciones eran falsas. Las partículas emitían en el momento en que la luz incidía sobre el metal, e independientemente de lo intensa o tenue que fuera la luz, seguiría habiendo una emisión inmediata de electrones. Así pues, lo único que se necesita para instigar ese proceso es la frecuencia de la luz y no su intensidad. Einstein encontraría una explicación adecuada inspirándose en Planck, y por eso afirmó que la luz se cuantizaba en fotones, lo que significaba que actuaba como ondas y partículas.

Entonces, ¿qué ocurre realmente cuando la luz incide sobre el objeto metálico? Los fotones (partículas de luz) chocan con los electrones sueltos, y cada electrón se traga cada fotón. Cuando el fotón tiene más energía que la función de trabajo del objeto, el electrón es emitido. La fórmula que demuestra esto se escribe así: $h\upsilon = W + K$, siendo W la función de trabajo del metal y K la energía cinética del electrón emitido. Para que quede claro, "función de trabajo" se refiere a la menor cantidad de energía que se necesitaría para liberar un electrón de un material. El material suele ser un metal.

El experimento de Stern-Gerlach (1922)

¿De qué trata el experimento de Stern-Gerlach? Bueno, fue el experimento que demostró a los científicos que el espín es algo real... ¡Y no, no "espín" en el sentido de "relaciones públicas" de Edward Bernays! Para definir este concepto de un modo más pedestre, pensemos en una peonza. Es una analogía aproximada del movimiento de las pequeñas partículas que forman la vida.

Otto Stern y Walther Gerlach fueron los responsables de la revelación de este momento angular. ¿Cómo lo descubrieron? Bueno, hicieron pasar un haz de átomos de plata a través de polos magnéticos, permitiendo que chocara contra una pantalla. Lo interesante de esto es que la plata tiene 47 electrones, pero solo 46 de ellos están dispuestos en una nube simétrica, lo que significa que no son responsables del espín del átomo. ¿Y el 47º electrón? Está en estado 5s o 5p.

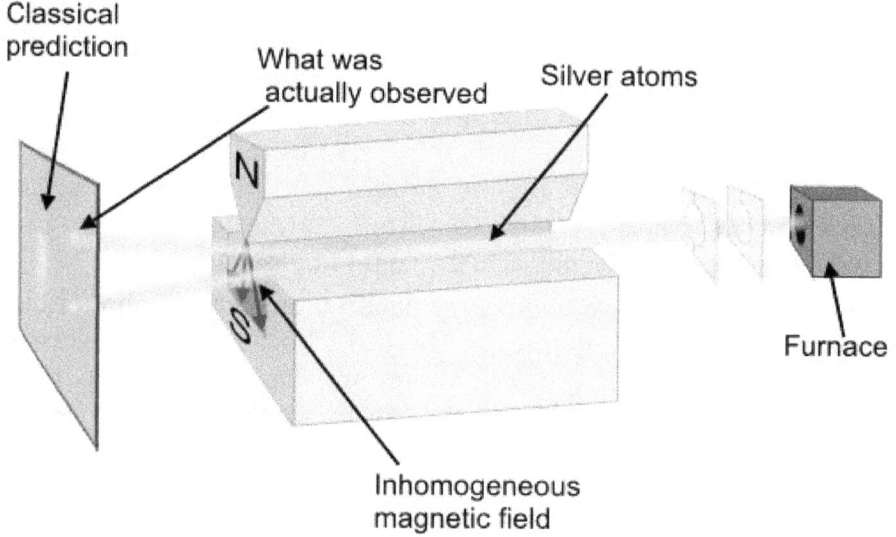
Theresa Knott [14]

Un átomo es como un sistema solar, pero a nivel microcósmico. En el centro del átomo está el núcleo, que actúa como el sol en el cielo. Al igual que los planetas rodean al sol, los electrones rodean al núcleo. Ahora bien, los electrones deben recorrer u ocupar ciertos niveles o carriles de energía, que podemos llamar "estados". Así, cuando el 47º electrón de la plata está en el estado 5s, no hay bamboleo ni inclinación, ya que viaja por un camino recto mientras orbita alrededor del núcleo, lo que significa que su momento angular o espín tiene un valor de 0.

Ahora, cuando este electrón especial está en el estado 5p, su trayectoria se inclina mientras viaja alrededor del núcleo, lo que significa que su momento angular tiene un valor de 1. El estado 5p significa que el electrón se mueve en una de tres direcciones. Si se inclina hacia abajo, el valor del espín es -1. Cuando se inclina hacia arriba, es +1. Cuando no hay inclinación, está en 0. ¿Estás confundido sobre por qué el electrón sin inclinación está todavía en su estado 5p en lugar de 5s? El electrón 5p sin inclinación puede parecer igual que el 5s, pero en realidad está en un camino diferente.

Stern y Gerlach habían pensado que encontrarían uno o tres puntos en la pantalla al hacer pasar sus átomos de plata a través de los polos del imán, pero solo había dos. Los científicos se quedaron perplejos durante tres años, tratando de encontrar una teoría que explicara lo que estaba ocurriendo. La respuesta la descubrieron en 1925 George E. Uhlenbeck y

Samuel A. Goudsmit, que postularon que los electrones tenían un momento angular intrínseco.

Además del momento angular de los electrones, a medida que giran alrededor del núcleo, descubrieron que existía un momento angular interno o espín. El experimento de Stern-Gerlach demostró que el haz de átomos de plata se divide en dos, y esta división depende de la forma en que gira el 47º electrón. Los científicos aprendieron que hay dos tipos de espines, uno hacia arriba y otro hacia abajo.

No hay nada en la física clásica que hable de la idea de espín. Es solo un fenómeno de la mecánica cuántica. Incluso la analogía de la Tierra girando sobre su eje mientras gira alrededor del Sol no es la mejor para explicar el espín. Además, si pudiera detener de algún modo un electrón y ponerlo en un estado de inercia, seguiría teniendo su espín intrínseco. No se le puede quitar.

La paradoja EPR (1935)

También llamada paradoja de Einstein-Podolsky-Rosen, se trata de un interesante experimento mental que pretende ilustrar una paradoja intrínseca que los científicos intentaron resolver cuando la teoría cuántica estaba aún en pañales. Es una de las mejores demostraciones del concepto de entrelazamiento cuántico. ¿De qué se trata?

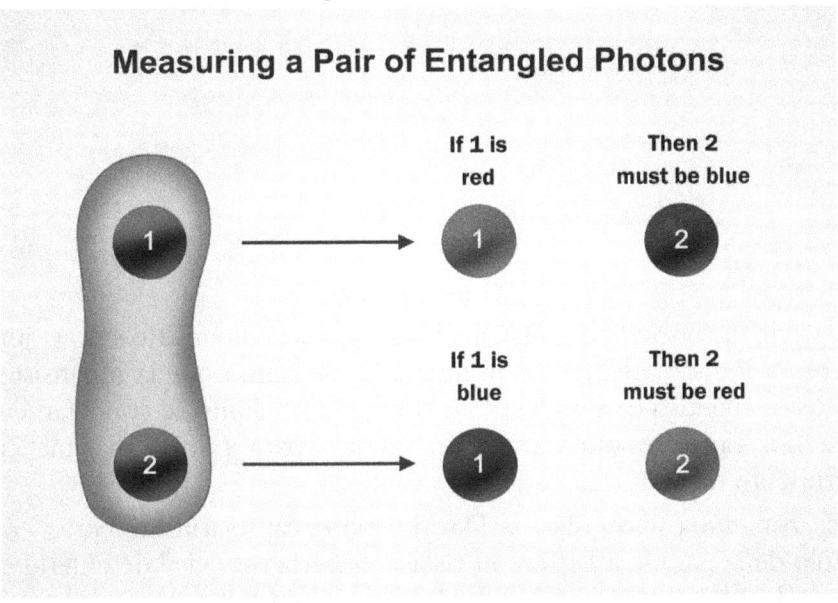

Medición de un par de fotones entrelazados

Imagine dos partículas enredadas entre sí. Hasta que no se mide cada una de ellas, permanecen en un estado de incertidumbre. Cuando mide una de ellas, adquiere un estado de certeza, al igual que la otra partícula con la que está enredada y que aún no se ha medido. Como usted ha aprendido, esta magia es posible porque ambas se comunican entre sí a velocidades superiores a la de la luz, lo que cuestiona inmediatamente la teoría de la relatividad de Einstein.

Esta paradoja EPR fue algo por lo que Albert Einstein y Niels Bohr intercambiaron golpes intelectuales. Einstein no quería aceptar la mecánica cuántica con los brazos abiertos, mientras que Bohr y sus partidarios estaban desarrollando aún más este campo. Lo interesante de esto es que el trabajo de Bohr se basaba en algo que Einstein había comenzado.

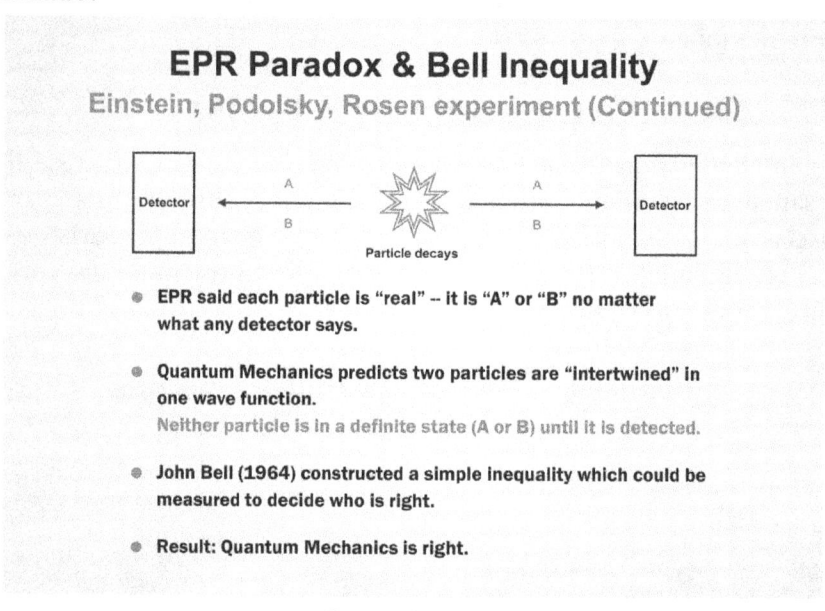

La paradoja EPR

Einstein se asoció con Boris Podolsky y Nathan Rosen, y juntos, crearon la Paradoja EPR con la intención de demostrar la inconsistencia de la física cuántica con las leyes de la física, tal y como se conocían en ese momento. Entonces no tenían los medios para poner en práctica su experimento mental.

Pasaron unos años más, y David Bohm cambiaría las cosas con el ejemplo de la paradoja EPR, con vistas a hacerla más fácil de entender. Ni siquiera las desintegraciones inestables de espín 0 (cero) de los mejores físicos de la época podían explicar del todo la paradoja. En la versión de

Bohm, una partícula con espín 0 inestable decae (o se transforma) en otras dos partículas, diferentes entre sí y que se mueven en direcciones opuestas, una en el sentido de las agujas del reloj y la otra en sentido contrario.

Como el espín de la partícula original era 0, las nuevas partículas tienen el mismo valor en sus espines. Si una de ellas tiene espín $+1/2$, la otra tendrá espín $-1/2$. Además, la interpretación de Copenhague de la mecánica cuántica sostiene que estas partículas no tienen estados definidos hasta que se miden, ya que existe la misma probabilidad de que tengan un espín negativo o positivo.

El gato de Schrödinger (1935)

Ahora es el momento de conocer un poco mejor al gato de Schrödinger. Se trata de un experimento mental que los científicos utilizaron para probar otras ideas cuánticas, y que nació en la brillante mente de Erwin Schrödinger, en 1935. Se le ocurrió por cómo se explicaba la mecánica cuántica según la interpretación de Copenhague, según la cual, en el contexto de la mecánica cuántica, las partículas existen simultáneamente en todos los estados imaginables, *a menos que sean observadas*, y solo entonces seleccionan uno de la plétora de estados a los que adherirse.

Por ejemplo, una bombilla encendida puede ser roja o verde. Cuando no se mira la bombilla, la interpretación de Copenhague de la mecánica cuántica haría suponer que la luz que emite la bombilla es de ambos colores, roja y verde. Sin embargo, cuando mira la luz, tendrá que ser de uno u otro color, no de ambos. Schrödinger no estaba de acuerdo con esto, y por eso presentó al mundo su experimento del gato.

He aquí el experimento mental en pocas palabras. Imagine, por un momento, que tiene un gato. No solo eso, sino que también tienes un pequeño trozo de alguna sustancia radiactiva, que es algo inestable y que emite partículas al azar. Ahora, usted coloca tanto su gato como este objeto radiactivo en una caja y la sella.

Además, equipa la caja con un dispositivo que liberará veneno en su interior. No es un veneno ordinario. Solo puede matar al gato si el dispositivo detecta una de las partículas emitidas por la sustancia radiactiva. Cuando la sustancia radiactiva se desintegra, emite partículas que activan el dispositivo (un contador Geiger). Una vez disparado, el dispositivo libera veneno que provoca la muerte totalmente injusta y horrenda de su gato.

Si tenemos en cuenta la teoría de la observación y la aplicamos a este experimento, como nadie está observando al gato (recuerde que está encerrado en una caja y usted no tiene visión de rayos X), el gato tiene que estar vivo y muerto a la vez. ¿Por qué? La sustancia radiactiva se descompondrá y no se descompondrá. El veneno se liberará y no se liberará. Al menos, no hasta que abra la caja para ver cómo está su gato, momento en el que será lo uno o lo otro. Ver cómo está su gato es lo mismo que "medir" el resultado, que es el proceso pensado para obligar al gato a estar bien o a renunciar a una de sus nueve vidas. El punto de Schrödinger era que este era un pensamiento absurdo y una imposibilidad en la vida real para el gato estar en ambos estados. Demostró con este experimento mental que la causa del colapso de la función de onda no tiene nada que ver con la existencia o no de un observador.

Experimento del gato de Schrödinger[15]

Como escribiría más tarde el premio Nobel y físico Robert Penrose en su libro *El camino a la realidad*, el hecho de que el gato esté vivo y muerto a la vez es absurdo si se mira en el contexto del mundo físico. Señaló que hay un 50-50 de posibilidades de que el gato esté vivo o muerto, estrictamente hablando físicamente, y que esto demuestra el fallo de todas las interpretaciones del gato de Schrödinger que pretenden demostrar que el gato está en ambos estados al mismo tiempo. Schrödinger demostró lo imposible que es que las cosas existan en un estado de superposición en la vida real. A menos, claro, que la vida sea más de lo que parece.

El borrador cuántico de elección retardada (1998)

A principios de 1998, Yoon-Ho Kim, R. Yu, S. P. Kulik, Y. H. Shih y Marlan O. Scully trabajaron en el experimento de elección retardada del borrador cuántico. El objetivo de este experimento era investigar más a fondo los resultados del experimento de la doble rendija, así como a dónde conduce en última instancia el entrelazamiento cuántico.

Los científicos trabajaron con un rayo láser de conversión paramétrica descendente espontánea y un cristal de borato de beta-bario (también llamado cristal BBO). El rayo láser que eligieron era muy potente y, cuando se dirige al cristal adecuado, hace que la luz se divida en pares de fotones mucho más débiles que los contenidos en el rayo original.

Los fotones que salen disparados del rayo láser SPDC y se dirigen al cristal BBO son pares. Están entrelazados, por lo que cualquier cosa que se observe al estudiar uno de los pares de partículas le está ocurriendo a su gemelo, independientemente de la distancia a la que se encuentren. Cuando se disparan los fotones contra la pared de la doble rendija, cada fotón de un par puede elegir pasar por una rendija o por la otra.

Más allá de las rendijas, hay un dispositivo que detecta por qué rendija pasa cada partícula o fotón. El problema es que solo se puede activar o desactivar después de que los fotones hayan atravesado las rendijas, y aquí es donde empieza la diversión. Cuando compruebe por qué rendija han decidido pasar los fotones, se dará cuenta de que tienen características similares a las de las partículas, porque pasarán por una rendija o por la otra, pero nunca por las dos.

¿Qué ocurre cuando no se siguen las trayectorias de las partículas con el dispositivo? En ese caso, los fotones se convierten en ondas, lo que significa que pasan por ambas rendijas simultáneamente y crean un patrón ondulante. Lo más extraño es que lo que decida parece determinar cómo actuaron los *fotones en el pasado*. También se podría decir que estos fotones son psíquicos, porque es como si supieran si va a utilizar el dispositivo para seguir su trayectoria o no. Por eso se llama "elección retardada". Lo de "borrador" sugiere que un resultado o naturaleza de los fotones se borra en favor del otro.

¿Qué ocurre realmente con estas partículas psíquicas? Bueno, no son exactamente psíquicas, ni tienen la capacidad de retroceder en el tiempo y cambiar las cosas. Lo que hace este experimento es plantear un desafío a la forma en que todo el mundo ha supuesto siempre que funciona el tiempo. La idea clásica del tiempo es lineal. En otras palabras, se supone que su presente es la suma total de su pasado, y que su presente determina su futuro.

Este experimento sugiere que el tiempo puede no ser lineal y que las tres caras del tiempo están entrelazadas entre sí de un modo que sigue desconcertando a los científicos incluso ahora. Por fascinante que sea todo esto, algunos insisten en que la retrocausalidad sugerida por el experimento está mal entendida.

Interpretaciones de la mecánica cuántica

Hay varias formas de interpretar la mecánica cuántica y sus teorías. He aquí un rápido vistazo a algunas de ellas.

La interpretación de Copenhague: De las muchas interpretaciones que existen, esta es la más aceptada, basada en la idea de que las partículas actúan de acuerdo con la noción de onda de probabilidad, y que la superposición es válida. Según esta interpretación, el acto de observación de la medida obliga a la función de onda a seleccionar o colapsar a un solo estado (onda de probabilidad), y las partículas pueden estar en más de un lugar al mismo tiempo (superposición).

La interpretación de muchos mundos: La idea detrás de esta interpretación es que no hay una historia o futuro fijo y que existen múltiples versiones porque hay más de un universo o mundo. Así, en el mundo cuántico, el universo se divide en varios más con cada acontecimiento que se produce.

La teoría de la onda piloto: La característica distintiva de esta interpretación es que hay variables ocultas en el mundo cuántico, y por eso ocurre toda la acción aleatoria, impredecible y espeluznante de la mecánica cuántica. También se denomina teoría *de Broglie-Bohm*.

Bayesianismo cuántico: También conocido como *QBism*, la interpretación sugiere que sus creencias sobre el estado de un sistema son lo que se reproduce como la función de onda.

Teorías del colapso objetivo: Estas interpretaciones parten de la premisa de que el colapso de la función de onda no está relegado al mundo cuántico, sino que es físico y real.

Mecánica cuántica relacional: A través de esta lente de interpretación, se asume que la misma serie de eventos puede ser observada e interpretada de manera diferente dependiendo del contexto.

Interpretación transaccional: La naturaleza ondulatoria de las partículas en el mundo cuántico importa cuando se ven los asuntos cuánticos a través de este contexto, y las ondas y las partículas son igualmente importantes, ya que se complementan entre sí.

¿Qué sentido tienen todas estas interpretaciones? Son intentos de filósofos y médicos de describir la verdadera *naturaleza de la realidad*. Cuando una interpretación se queda corta, otra puede suplirla y ofrecer explicaciones que tengan sentido.

Capítulo 5: Realidad cuántica y conciencia

No se puede aprender física cuántica sin empezar a cuestionarse la naturaleza de la realidad. La realidad cuántica y la conciencia siguen siendo temas de intenso debate, que atraen a mentes científicas y no científicas por igual. En este capítulo, abrirá su mente a la idea de que la consciencia tiene un papel más profundo en la vida, tal y como la conoce de lo que jamás podría imaginar.

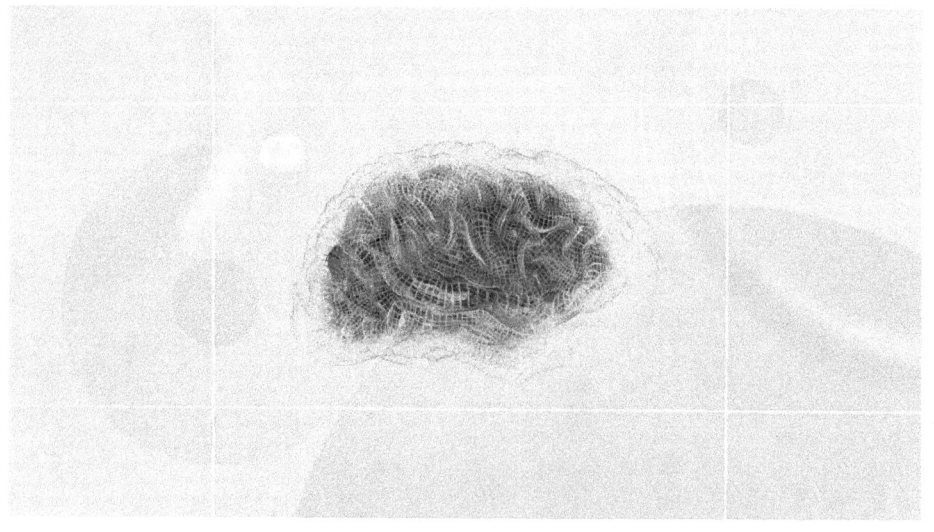

La realidad cuántica y la conciencia siguen siendo temas de intenso debate[16]

Teorías cuánticas de la mente

Las teorías cuánticas de la mente intentan explicar la conciencia con la mayor claridad posible para que la humanidad se comprenda mejor a sí misma. Piense en cómo funciona su mente. ¿Supone que todo son neuronas haciendo lo suyo en su cerebro? Bueno, las teorías cuánticas de la mente sugieren que hay algo más en juego. El funcionamiento interno de su mente depende de reglas cuánticas, y esto es lo que hace que la conciencia humana sea tan dinámica, rica y fascinante.

La mente cuántica, también llamada conciencia cuántica, es un conjunto de teorías o hipótesis que proponen la idea de que la superposición, el entrelazamiento y otros sucesos de la física cuántica son los que crean la conciencia. La conciencia, algo subjetivo y personal, es un hueso duro de roer para la física cuántica, pero se han propuesto algunas teorías interesantes sobre la mente cuántica que parecen explicarla.

David Chalmers es el filósofo que acuñó el término «el difícil problema de la conciencia». ¿Cuál es este problema? Bueno, ¿cómo causan las acciones físicas de sus células cerebrales su experiencia subjetiva de la vida, si es que lo hacen? ¿Por qué siente algo como una cosa y no como otra? ¿Cuál es la causa de que su experiencia interior de la vida sea distinta de la de los demás? ¿Por qué tiene una vida interior?

David Chalmers acuñó el término "el difícil problema de la conciencia"[17]

El "arduo problema de la conciencia" consiste en averiguar cómo y por qué los seres vivos tienen experiencias subjetivas y conscientes, también llamadas "*qualia*". Una cosa es saber cómo y por qué ciertos aspectos del cerebro humano hacen posible distinguir unas cosas de otras, procesar y comprender información y llevar a cabo acciones específicas. Las explicaciones de esas cosas tienen sus raíces en la funcionalidad y el conductismo, pero no ocurre lo mismo con el difícil problema de la conciencia. Veamos algunas de las teorías cuánticas de la mente que se han propuesto para resolver este difícil problema.

El orden implícito de Bohm

Ya sabe que la materia es todo lo que tiene peso y ocupa espacio. En cuanto a la conciencia, es la capacidad que tiene uno de ser consciente de sí mismo, de los demás y del mundo que le rodea. Es ser capaz de sentir, percibir y pensar. *El orden implícito de Bohm* es un intento de encontrar el hilo que une la conciencia, la materia y la física cuántica.

Según Bohm, la realidad es más de lo que parece. Hay un nivel más profundo en el que todo está conectado con todo lo demás, gracias a los fenómenos cuánticos. Bohm se refería a este nivel profundo como el orden implicado, para reflejar el hecho de que este nivel está oculto a la observación habitual. Como era una persona creativa, tenía otro término para el orden implícito: el *holomovimiento*, que describe un movimiento completo o íntegro.

Para conceptualizar el orden implicado, piense en él como un océano que se extiende hasta donde alcanza la vista. Observe que este océano está lleno de olas, y cada una de esas olas representa una posibilidad en el campo cuántico. Bohm creía que las ondas podían solaparse unas con otras, y esta interferencia crea patrones intrincados que captas como conciencia y materia en la realidad que él llamó el orden explicado (las ondas individuales y visibles del océano sin solapamiento).

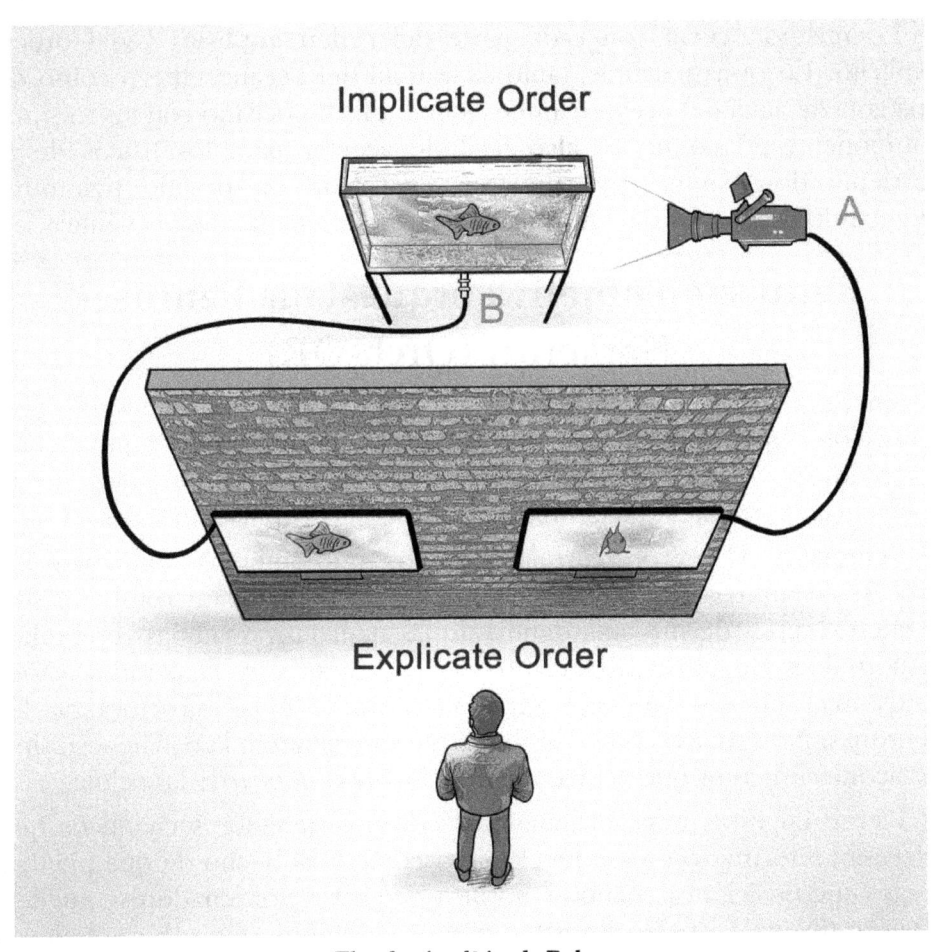

El orden implícito de Bohm

Bohm afirma que la materia y la conciencia no deben considerarse fenómenos separados, sino que comparten la misma realidad fundacional, aunque presentan aspectos diferentes. En otras palabras, ambos nacen del orden implícito y lo reflejan. Así pues, la conciencia es el orden implícito que se refleja en sí mismo, mientras que la materia es la manifestación del orden implícito en el espacio y el tiempo.

El orden implícito está siempre en movimiento y es siempre creativo. Se dedica a crear nuevas formas y a dar cabida a nuevas posibilidades. Bohm hizo una analogía con un holograma, que, si no lo ha visto en el cine, es una imagen tridimensional generada por láser. Cuando rompe un holograma en pedazos, descubrirá versiones perfectamente enteras del holograma original en cada pieza.

Lo mismo ocurre con cada parte del orden implícito y del orden explícito. En otras palabras, tanto si se trata del océano entero como de una gota de agua del océano, ambos son el mismo océano con los mismos componentes. Esto no es algo fácil de aceptar para los físicos de la corriente dominante, y siguen topándose con un desafío tras otro, intentando demostrar o incluso probar esta teoría de la mente cuántica.

Reducción objetiva orquestada Penrose-Hameroff (Orch-OR)

Según Roger Penrose y Stuart Hameroff, fundadores de la teoría de la reducción objetiva orquestada (Orch-OR), no tiene sentido suponer que las redes neuronales del cerebro son las únicas responsables de la conciencia. Sostienen que también existe cierta computación cuántica.

Penrose y Hameroff afirman que los microtúbulos contienen los procesos cuánticos en los que funciona su cerebro. Los microtúbulos son pequeños tubos de proteína dentro de las neuronas o células cerebrales, responsables de la división celular, el movimiento y la comunicación. Estos microtúbulos también son responsables de la estructura de las neuronas. No son las células cerebrales las que generan la conciencia, sino los acontecimientos que ocurren a nivel cuántico *dentro* de las células.

Piense en estos microordenadores como ordenadores cuánticos que procesan información a ese nivel microscópico. El hecho de que puedan crear superposiciones cuánticas implica que estos «ordenadores» pueden estar en diversos estados al mismo tiempo hasta que se produce el efecto observador. Son tan sorprendentes que también crean entrelazamientos cuánticos, lo que les permite conectarse entre sí y crear cambios a través del espacio.

Lo que ocurre con estos estados es que cambian sus funciones dependiendo del entorno. Están sujetos a la decoherencia, donde colapsan en un solo estado. Esta es la razón por la que los ordenadores cuánticos tienen que funcionar en entornos con bajas temperaturas y lejos de cualquier perturbación.

Penrose y Hameroff afirman que su cerebro puede evitar el efecto de decoherencia, manteniendo la coherencia dentro de sus microtúbulos durante un periodo impresionante. Con su memoria, sus sentidos y sus estructuras burocráticas, puede dictar los procesos que tienen lugar en sus microtúbulos a nivel cuántico. Pero la pregunta es, ¿qué conexión tienen los procesos neuronales cuánticos con la conciencia? ¿Cómo la crean? Entre en la reducción objetiva (OR).

OR es una versión del colapso cuántico gracias a la naturaleza del espacio-tiempo en lugar del efecto observador o la decoherencia. ¿Qué es el espacio-tiempo? Es el tapiz del universo, la combinación de espacio y tiempo, que crea un espectro continúo de cuarta dimensión.

Una vez que los microtúbulos se superponen, y las cosas alcanzan un nivel de inestabilidad, eso es OR. La superposición se ve forzada a colapsar en un solo estado, y este proceso es el nacimiento de la conciencia. El colapso, afortunadamente, no necesita de ningún observador para producirse, ya que ocurre por sí solo. Además, una vez que ocurre, no se puede deshacer ni revertir. ¿Le gustaría intentar calcular qué elección tomará? No se puede. No existe ningún algoritmo que pueda predecir lo que ocurre, y se podría decir que esta es la explicación de conceptos como creatividad y libre albedrío.

¿Por qué Penrose y Hameroff se refirieron a esto como reducción objetiva orquestada? Tal y como ellos lo veían, su cerebro es el que determina la ubicación en el espacio y el punto en el tiempo de estas ocurrencias OR en los microtúbulos, lo que lleva a un momento consciente tras otro, o lo que se llamaría una "corriente de conciencia". Estos científicos también sostenían que los valores platónicos están enraizados en el marco del espacio tiempo, lo que incluye los valores éticos, la verdad matemática y la belleza estética.

El efecto Zenón cuántico

Otro nombre para este efecto es la paradoja de Turing. Este efecto trata del hecho de que las partículas y otros sistemas cuánticos podrían ser forzados a colapsar en un estado específico o "congelado" midiéndolo con la frecuencia necesaria, lo que impide su superposición.

Recuerde, en el nivel cuántico de la existencia, la superposición está a la orden del día porque todas las partículas están en todos los estados al mismo tiempo hasta que se produce un colapso de la función de onda que la fuerza a un estado específico e inmutable. Según el efecto Zenón cuántico, cuando se mantiene la mirada sobre una partícula el tiempo suficiente, se la fuerza a permanecer en su estado original. Pierde su capacidad de cambio.

He aquí una simplificación del efecto en acción. Está usted en YouTube. En su mente, la línea blanca que indica la cantidad de vídeo que se ha cargado está en una carrera contra la línea roja, que muestra la cantidad de vídeo que ha visto hasta ahora.

Por desgracia, la línea roja ha alcanzado a la blanca y ahora, gracias a que el internet funciona a la velocidad de un caracol, se ve obligado a esperar a que el vídeo se cargue para poder seguir viéndolo. Ya está harto de esperar a que se cargue la línea blanca, la mira como un halcón.

Según el efecto Zenón cuántico, el hecho de que siga comprobando el progreso de carga del vídeo es la verdadera razón por la que no se carga. Es como con la proverbial tetera vigilada que nunca hierve; lo único que hierve es su impaciencia. Por suerte, su proveedor de servicios de internet no puede utilizar esto como excusa para explicar por qué sus vídeos se quedan bloqueados en la memoria intermedia en las partes buenas.

¿Qué es eso de "Zenón" en el nombre de este efecto? ¿Ha oído hablar alguna vez de la paradoja de la flecha de Zenón? Se trata de una especie de enigma que se remonta a la antigua Grecia. Según Zenón, el filósofo griego de Elea, cuando se mira una flecha en vuelo en cualquier momento, parece que no se está moviendo. Su argumento, por tanto, era que la flecha en vuelo no se está moviendo en realidad.

El tiempo es una serie de momentos o instantes, y no hay movimiento en cada momento o instante. Por lo tanto, la flecha está quieta. Lo mismo ocurre con el efecto Zenón cuántico, ya que parece que los sistemas cuánticos funcionan de la misma manera al congelarse tras una medición u observación constante.

Ahora bien, ¿qué relación tiene el efecto Zenón cuántico con la conciencia? La idea es que toda conciencia se ve afectada por este efecto, y observando conscientemente estos procesos, puede influir en ellos, congelándolos en un estado y evitando así que cambien.

Por ejemplo, si su conciencia es el resultado de las superposiciones cuánticas en su cerebro, y de alguna manera usted controlará estas superposiciones conscientemente, eso impediría que los procesos de superposición cambiaran, lo que podría ser una explicación viable de cómo los procesos físicos generan conciencia en primer lugar.

Conciencia, espiritualidad y psicología

Ser consciente es ser atento. Es saber que existes en el espacio y el tiempo. La conciencia es lo que le hace sentirse como una persona real, viva y coleando, diferente de la gente y de las demás criaturas que le rodean. Sin embargo, por claros y obvios que parezcan, algunos aspectos de la conciencia pueden ser bastante difíciles de precisar. Aún no se comprende del todo cómo el cerebro y sus procesos neuronales pueden crear consciencia, ni cómo la consciencia está ligada a la percepción del mundo físico. Algunos sugieren que la conciencia no es un producto del cerebro, sino que el propio cerebro y todo lo demás en el mundo observable es la creación de la conciencia.

Personas como el dalái lama ven una conexión entre la conciencia, la espiritualidad y la física cuántica. En su opinión, cada átomo de su cuerpo es una parte inextricable de todo lo que constituye el mundo. Está literalmente hecho de materia estelar. Su cuerpo tiene carbono, nitrógeno y oxígeno, elementos que se forjaron en ardientes estrellas hace más de 4.500 millones de años. También está conectado intrínsecamente a todo lo demás en la faz de la Tierra, ya que está hecho de energía como todo lo demás en la Tierra.

Personas como el dalái lama ven una conexión entre la conciencia, la espiritualidad y la física cuántica[18]

Ya sabe lo difícil que es que los espiritistas y los científicos se pongan de acuerdo. Si pudiera viajar en el tiempo a través de algún asombroso proceso cuántico a la Edad Media e incluso al Renacimiento, sería testigo de esta guerra entre la cabeza y el corazón en tiempo real. Por aquel entonces, cualquier avance científico se consideraba peligroso, se demonizaba y era motivo suficiente para el asesinato.

Con el tiempo, el péndulo ha oscilado hacia el otro extremo, y la espiritualidad es objeto de burla por parte del mundo de la ciencia. Así que, ¿es fascinante que, por fin, haya algo en lo que los expertos de ambos campos coincidan, especialmente en lo que se refiere a la física cuántica y la filosofía budista?

La física cuántica demuestra que existe un mundo más allá de lo físico, hecho de energía. Los budistas también están de acuerdo, ya que su religión deja claro que hay que trascender lo físico para prestar toda la atención a la conciencia, que es lo que da forma y sentido a la vida.

Esto da más credibilidad a la cita del gran filósofo francés del siglo XVII René Descartes: *"Cogito, ergo sum"*, es decir, "pienso, luego existo". Son sus pensamientos y su conciencia los que dan forma a su experiencia de la vida. Este es también el fundamento de muchas prácticas psicológicas, que tratan de alterar los supuestos de la mente sobre la vida para ayudar a los pacientes a vivir como las versiones de sí mismos que preferirían ser.

La idea de que la conciencia es la verdadera escultora de la vida no es algo que solo conozcan los budistas. Por ejemplo, Amit Goswami, de la Universidad de Oregón, también respalda la idea de que las micropartículas cambiarán su forma de actuar dependiendo de sus acciones como observador. Este es un punto que ya se ha explicado claramente en este libro.

Científicos y espiritistas han dejado los sopletes y las horcas para ponerse de acuerdo, por una vez, en que a usted y al mundo que le rodea los definen sus pensamientos y emociones.

Esta proposición es un reto para aquellos cuyas mentes no son flexibles y prefieren seguir los caminos ortodoxos. La implicación de todo esto podría resumirse en esta maravillosa cita de R. C. Henry en *El universo mental*: *"Si pensamos en la posible conexión entre la física cuántica y la espiritualidad, podemos ver que la mente ya no sería ese intruso accidental en el reino de la materia, sino que se alzaría como una entidad creadora y gobernante del reino de la materia".*

Observación

Cada vez que se interactúa con el sistema cuántico, se está observando o midiendo. Al utilizar un dispositivo macroscópico como un detector para observar un átomo o un fotón, provoca el colapso de la función de onda que desplaza el átomo u otra partícula de un estado en el que está en todas partes y todo a la vez a una única forma y ubicación.

El acto de observar la partícula la traslada del reino de lo indefinido al de lo definido. Aunque esto se entienda teóricamente, sigue siendo una de las cosas más desconcertantes que los físicos cuánticos se esfuerzan por comprender.

Una cosa es comprender el efecto observador y otra muy distinta, saber por qué se produce. ¿Qué tiene que ver que alguien sea consciente de un átomo para que este cristalice en un estado específico? ¿Qué se considera un observador? ¿Tiene que ser alguien con conciencia, como un ser humano, o podría ser un dispositivo que controla las partículas por sí mismo sin interferencias?

Si analizamos este fenómeno desde la óptica de la interpretación de Copenhague, la interpretación von Neumann-Wigner y la interpretación de las múltiples mentes, todos coinciden en una cosa: la conciencia de un observador es la clave para forzar el colapso de la función de onda. Se les perdonaría por suponer que básicamente están diciendo que tienen superpoderes.

Otras interpretaciones de este fenómeno no sugieren que la conciencia del observador tenga relevancia alguna a la hora de provocar el colapso de la función de onda. Según estas teorías, el colapso es algo que ocurre objetivamente. Si no es así, entonces debe tratarse de una especie de ilusión, resultado de la interacción de las partículas con su entorno.

Si elige ver el colapso de la función de onda a través de esta escuela particular de pensamiento, entonces tiene que mantenerse alejado de los problemas y paradojas que surgen como resultado de introducir el elemento de la conciencia. En otras palabras, no tendría nada que hacer con el gato de Schrodinger.

No es nada nuevo sugerir que la conciencia desempeña un papel fundamental en la creación de la realidad física. Además del budismo, el taoísmo y el hinduismo también tienen su propia visión de este proceso. Sugieren que el mundo tal y como lo observamos es una ilusión, también conocida como Maya. Según estas religiones, existe una realidad "verdadera" y "real", por así decirlo, bajo el mundo físico, que es la conciencia misma.

Quienes siguen estos caminos espirituales se refieren a esta conciencia como Brahman, la naturaleza de Buda o el Tao. Al leer sus textos religiosos, queda claro que la intención y el pensamiento son las únicas formas de influir en el mundo físico. Si combinamos esta idea con el efecto observador, queda claro que todo lo que observamos es el resultado de nuestros pensamientos, emociones y expectativas.

Alejándonos de las filosofías orientales tradicionales y acercándonos al esoterismo, el misticismo y el ocultismo, la afirmación es que el mundo físico es una creación del espiritual. Estas formas de espiritualidad también coinciden en que la manera de alterar la vida física es utilizando el poder de la intención y el pensamiento.

Otras modalidades para lograr esta influencia son la meditación, la oración, la visualización, la magia, los rituales, etc. Estas prácticas están pensadas para ayudarle a encauzar la conciencia y moldearla para lograr cualquier objetivo que desee. Esta es también la lógica detrás de cómo se logra lo imposible, como curar enfermedades terminales, recibir protección divina y provisión oportuna, o transformaciones inexplicables.

La conciencia y el campo cuántico

Se ha hecho amigo del gato de Schrödinger. Es hora de conocer a alguien nuevo: El amigo de Wigner. ¿Quién? Bueno, es más bien, ¿*qué* es eso? Es un experimento mental que es una vuelta de tuerca al gato de Schrödinger. Antes de que se familiarice, debe saber que la conciencia no es algo individual.

Todos los pensamientos y sensaciones que ha tenido o tendrá, todas las imágenes que ha conjurado o encontrado y todos los sentimientos que ha experimentado proceden de la conciencia. Estas cosas también vuelven a la conciencia del mismo modo que se comportan las partículas subatómicas cuando se trata del campo cuántico.

Ahora, volvamos al gato. Está en una caja sellada, y su vida depende de si un átomo radiactivo expulsa o no veneno que lo mate. Recuerde, este gato está vivo y muerto mientras la caja permanezca sellada. El amigo de Wigner viene a observar este experimento. No tiene ni idea de si el gato está vivo *o* muerto. Cuando el amigo de Wigner abre la caja y mira al gato, ese mismo acto fuerza el colapso de la función de onda, y esto significa que el gato está muerto o, mejor aún, vivo.

El amigo de Wigner obliga a todos a preguntarnos qué papel puede haber tenido la conciencia en el destino del gato, si es que ha tenido alguno. En otras palabras, ¿es posible que su mente sea tan poderosa que afecte a los acontecimientos a nivel cuántico? Este experimento mental demuestra claramente la interacción entre la conciencia y el mundo cuántico. Podría decirse que su nuevo amigo valida el efecto observador, el experimento de la doble rendija, el borrador cuántico de elección retardada y el efecto Zenón cuántico.

La conexión entre el campo cuántico y la conciencia es algo que los físicos siguen explorando. Por ejemplo, Dirk K. F. Meiher, catedrático de la Universidad de Groninga (Países Bajos), cree que la conciencia se encuentra en un campo que rodea al cerebro y reside en una dimensión diferente. Propone que el cerebro extraiga información de este campo según sus necesidades, mediante el mecanismo cuántico del entrelazamiento y otras actividades cuánticas.

No solo eso, sino que Meiher también cree que el campo no difiere de un agujero negro en ciertos aspectos y es capaz de extraer información de la energía oscura, el campo magnético de la Tierra y otras fuentes interesantes. Podríamos llamar a este campo un dominio metacognitivo o un espacio de memoria global, muy parecido a cómo la nube digital guarda todo tipo de información a su nombre, lista para que usted recupere lo que necesite cuando lo necesite.

Las implicaciones de las sugerencias de Meiher son significativas porque si la conciencia no es algo que genera su cerebro, y si hay un campo mayor del que procede, eso solo podría significar que la humanidad debe empezar a cuestionarse su forma material de ver el mundo.

Debe preguntarse si tiene o no libre albedrío, qué implica esto sobre su identidad y qué es realmente real. Dicho esto, ahora debería ver la importancia de la autoconciencia. No está de más saber lo que emite con sus pensamientos y emociones, ya que estos atraerán automáticamente a su vida las experiencias correspondientes y otros efectos del campo cuántico, para bien o para mal.

Ejercicios de autoconciencia

Si quiere ser más consciente de sí mismo, lo mejor es practicar la meditación de atención plena. Claro, es una gran herramienta para ayudarle a acabar con el estrés y mantenerse saludable, pero hace mucho más que eso por usted. Experimentará una profunda conexión con el presente, pasando de un momento a otro con plena conciencia en lugar de quedarse atascado en remordimientos pasados o preocupaciones futuras. Realice los siguientes ejercicios cada día para obtener resultados fenomenales.

Escaneo corporal

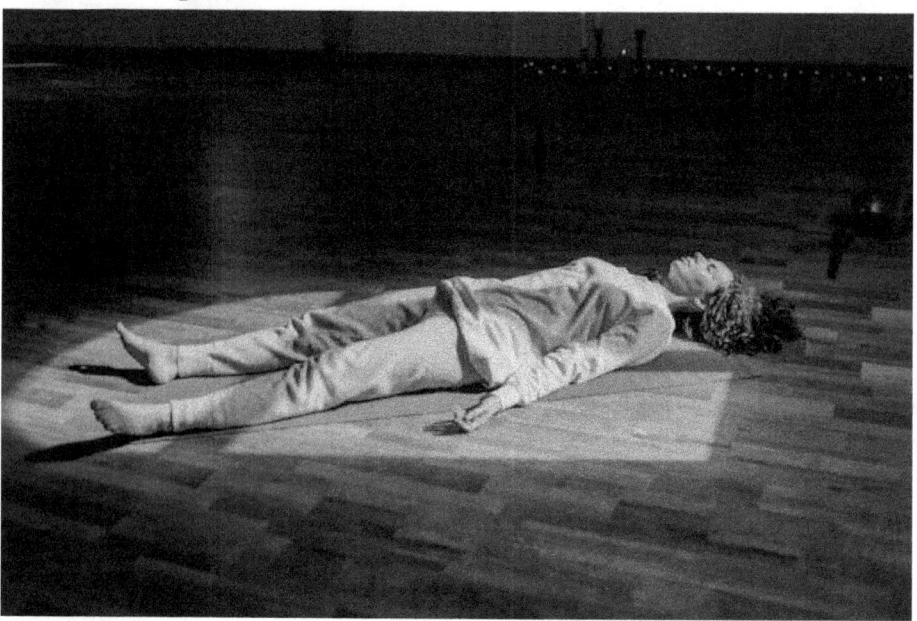

La meditación de escaneo corporal es una forma estupenda de acceder a su autoconciencia[19]

1. Acuéstese o siéntese cómodamente. Esta debe ser una posición que pueda mantener durante al menos diez o quince minutos sin necesidad de ajustar su cuerpo.
2. Cierre los ojos y centre su atención en la respiración. Observe el patrón de su respiración sin intentar controlarlo.
3. Ahora, comience a respirar profundamente, permitiendo que las tensiones se filtren fuera de su cuerpo con cada exhalación.
4. Cuando se sienta más relajado que al principio de este ejercicio, lleve su atención a los pies. Explore cada parte de cada uno de ellos. ¿Cómo siente los pies? ¿Recibe alguna sensación? ¿Hay tensión? Inspire profundamente, imaginando que está insuflando luz a sus pies, y luego exhale lentamente, liberando toda la tensión y el malestar de ellos mientras lo hace.
5. Mueva su atención hacia las pantorrillas y haga lo mismo que en el paso 4. Continúe subiendo por todo su cuerpo. Suba por todo el cuerpo, por delante y por detrás, hasta llegar a la coronilla. Recuerde, exhale la tensión de cada parte.

Aceptación deliberada
1. Siéntese en algún lugar silencioso, libre de aparatos, distracciones y perturbaciones.
2. Respire profundamente varias veces y tome conciencia del momento presente.
3. Ahora, preste atención a los pensamientos y sentimientos que afloran en su interior.
4. Cuando cada pensamiento o sentimiento llegue a su conciencia, acéptelo. Por muy aburrido o extraño que sea, no intente luchar contra él ni juzgarlo. Véalos como lo que son: Fluctuaciones en su campo mental.
5. Mientras observa sus sentimientos y pensamientos, note cómo suben a la superficie de su conciencia y se disuelven mientras usted permanece ajeno a ellos. Comprenda que este proceso es la forma en que se coloca en un estado en el que observa las probabilidades cuánticas.

¿Tiene la sensación de que este libro ha dado un giro brusco de repente? Es deliberado. Tiene usted una comprensión rudimentaria de la física cuántica. Ahora, es el momento de tomar lo que ha aprendido hasta ahora y ver cómo todo encaja con los aspectos místicos y espirituales de la vida. Está en el tren hacia la dimensión desconocida. Abróchese el cinturón y permanezca sentado de forma segura con las manos, los brazos, los pies y las piernas en el vehículo en todo momento.

Capítulo 6: Mística cuántica: Ciencia y espiritualidad

Puede que la conexión entre la mecánica cuántica y la espiritualidad no resulte obvia a primera vista, como nunca se le ocurriría mezclar un helado con un plato de sopa de pollo con fideos.

En lo que respecta a todo lo cuántico, existe una conexión entre la ciencia y el espíritu, como pronto descubrirá en este capítulo. La interacción entre ambos campos le ofrecerá algunas de las formas más intrigantes de ver la realidad, su identidad y su papel en el gran esquema de la vida y el universo.

Antes de que empiece el paseo, sepa que el misticismo cuántico no es algo aceptado por toda la comunidad

Cuando se trata de todo lo cuántico, existe una conexión entre la ciencia y el espíritu [20]

científica. Algunos dicen que es una simplificación excesiva de la intrincada naturaleza de la mecánica cuántica, en el mejor de los casos, o una tergiversación de los principios cuánticos, en el peor. Sin embargo, el misticismo cuántico le hará pensar largo y tendido y le proporcionará algunos momentos de reflexión sobre las cosas raras que ha notado en su vida.

Comience el viaje: Aspectos clave del misticismo cuántico

Algunas personas llaman al misticismo cuántico "woo cuántico" o "harlatanería cuántica" porque piensan que es ridículo. Si se tomaran un momento, descubrirían que su burla tiene su origen en el miedo, porque les asustan las implicaciones de que la ciencia y la espiritualidad puedan encontrar un terreno común, y se verían obligados a reevaluar sus nociones preconcebidas sobre la vida y su funcionamiento.

Afortunadamente, Deepak Chopra, Stuart Hameroff, Fritjof Capra, Gary Zukav, Lawrence LeShan, Arthur Koestler, el fundamental Fysiks Group y otras grandes mentes de la nueva era no se inmutan ante las opiniones peyorativas sobre el misticismo cuántico y han contribuido a que la humanidad tome conciencia de ello. Tampoco podría importarles menos la evidente presión de Wikipedia para que parezca nada más que una tontería "woo woo". El misticismo cuántico es el puente metafísico que conecta la física cuántica con la conciencia, el misticismo y la espiritualidad. ¿Cuáles son los aspectos y las ideas clave de este campo?

No localidad: Según la física clásica, la localidad es un principio que sugiere que la única manera de que haya interacción física entre dos partículas u objetos es cuando están cerca el uno del otro. En otras palabras, cuanto más lejos estén, menos probable es que se afecten mutuamente.

La física cuántica sugiere que esta interpretación clásica de la localidad deja mucho que desear para explicar la espeluznante acción a distancia. En su lugar, sugiere la no-localidad, la idea de que no importa la distancia a la que se encuentren las partículas una vez entrelazadas. Siempre se afectarán mutuamente, independientemente de cuántas galaxias o años luz las separen.

Mirando la no-localidad a través de la lente del misticismo cuántico, es evidente que todo en el mundo está intrincadamente conectado. Si todo está realmente formado por sistemas subatómicos, ya sean fotones, electrones, quarks u otras partículas, hay algo que lo mantiene todo conectado.

Está conectado a todo el cosmos. De hecho, se podría decir *que usted es el cosmos*. Forma parte de una gran sopa cósmica de partículas conectadas entre sí. El electromagnetismo, la gravedad y las fuerzas cuánticas actúan para conectar galaxias, planetas, personas, plantas, animales y objetos entre sí. Así, lo que afecta a uno afecta al todo, independientemente del espacio o el tiempo que haya entre ellos.

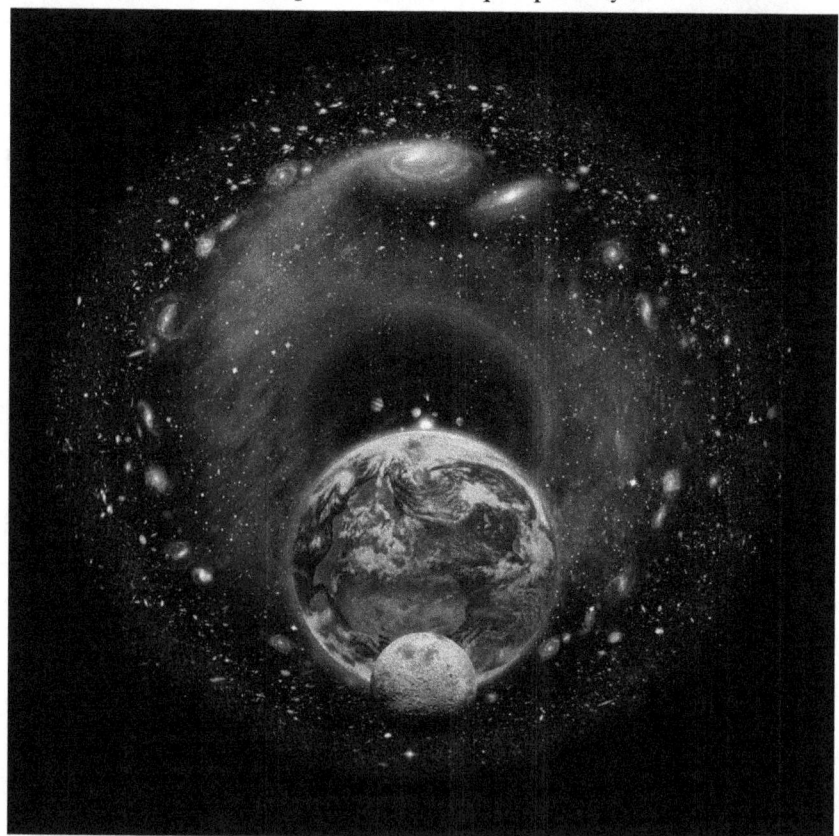

Todas las fuerzas cuánticas trabajan para conectar todas las galaxias, planetas, personas, plantas, animales y objetos entre sí[21]

Interconexión y unidad: Ya entiende las premisas cuánticas básicas de la física cuántica que sugieren que todas las cosas están conectadas entre sí, como el entrelazamiento cuántico. Entonces, ¿cuál es la conexión con el misticismo cuántico? El principio hermético "como es arriba, es abajo" lo capta maravillosamente bien, sugiriendo que el microcosmos y el macrocosmos se reflejan mutuamente.

Usted es un reflejo del universo, y viceversa. Los textos sagrados de los Upanishads tienen la frase "Tat Tvam Asi", que significa "tú eres eso". En esencia, se trata del hecho de que todo lo que existe es uno y lo mismo, una expresión de la divinidad.

El budismo tiene la idea de pratītyasamutpāda o paṭiccasamuppāda, que implica que todas las cosas son causadas por algo más. Si juntamos todo esto, es obvio ver cómo sus pensamientos, intenciones y emociones afectan al mundo que le rodea… y algo más.

Unidad de mente y materia: El efecto observador demuestra claramente que el proceso de observación afecta a cómo se desarrolla la realidad. Sin duda, la conciencia afecta a todos los procesos cuánticos, que afectan a todo en todos los mundos, conocidos y desconocidos.

Los budistas son muy conscientes de ello, ya que creen en Sunyata, que significa "vacío". ¿De qué se trata? Todo fenómeno está conectado con otros. Esta idea también se denomina originación dependiente, según la cual nada tiene una naturaleza intrínseca.

Por tanto, su vida está definida por los fenómenos que le rodean, lo que significa que sus experiencias, a su vez, están determinadas por usted. ¿Qué hace que una mesa sea una mesa y no una pitón? Es el hecho de que la mesa depende de otros rasgos "circundantes" que la definen como tal. Quién es usted como persona depende del entorno o contexto en el que se encuentra.

Su vida no es algo permanentemente definido. Un estafador podría ser otra persona cuando se encuentra en un contexto diferente. "Contexto" no es solo el entorno físico, sino también el mental. Si hay algo que no le gusta de su vida o experiencia, cambiar su contexto mental o la forma en que se ve a sí mismo es una excelente manera de transformarse en la persona que preferiría ser.

Creación de la realidad y manifestación: Si junta todos los aspectos clave anteriores del misticismo cuántico, es obvio que ahora tiene las claves para crear la vida de sus sueños. Aunque su vida parezca firmemente fija e inmutable, cada partícula permanece en un estado de superposición hasta que usted la observa.

¿Se siente atascado? Es hora de dejar de prestar atención a las cosas tal y como son. Puede hacerlo practicando la meditación de atención plena, como ha aprendido en el capítulo anterior, permaneciendo en un estado de conciencia no reactiva. Sabe que existen infinitas versiones de usted, incluida la que desea.

Así que, desde el estado no reactivo, dirija su atención a una visión de sí mismo tal y como le gustaría ser. Si no se le da bien visualizar (otra forma de decir "imaginar imágenes"), podría centrarse en el *sentimiento* que tendría como la persona que desea ser. Así es como hace que la función de onda colapse en esta nueva versión preferida de la realidad. A continuación, vivirá su vida observándose a sí mismo como esta nueva persona, pensando, sintiendo y actuando a través de ella.

Gracias al entrelazamiento cuántico, los cambios que ha introducido en su mente harán que el mundo que le rodea se ajuste según sea necesario, alineándose cada vez más con la versión de sí mismo en la que ha "colapsado". Trabajando con el efecto Zenón cuántico, mantiene su atención en ser esta versión preferida de sí mismo, y esta atención sostenida u observación le mantiene en esta nueva realidad que ha elegido para sí mismo. Así es como funciona la ley de la atracción.

Teoría del campo unificado

¿Ha jugado alguna vez con bloques de lego? Si lo ha hecho, sabrá que los hay de varios colores, formas y tamaños. Sin embargo, a pesar de sus diferencias, todos se conectan entre sí porque están diseñados para ello. La teoría del campo unificado, término acuñado por Albert Einstein, es un intento de conectar todas las fuerzas de la física entre sí. Se trata de buscar una teoría que las gobierne a todas.

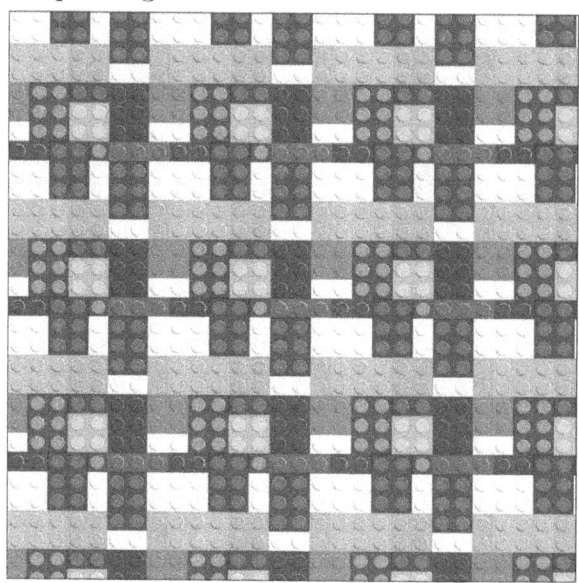

Los legos son una buena metáfora de cómo se conectan entre sí a pesar de sus diferencias[22]

La física dicta que estas fuerzas no se transmiten de una partícula u objeto a otro. Más bien, hay entidades únicas conocidas como campos que se encargan de desplegar estas fuerzas.

El campo unificado es un campo que rige todos los aspectos de la vida y conecta la fuerza nuclear fuerte, la fuerza nuclear débil, la gravedad y el electromagnetismo. Lo que esta teoría implica es que todo está conectado a un nivel fundamental, y si hubiera una forma de desarrollar esta teoría con precisión, las implicaciones para la física y los avances que se producirían irían más allá de lo imaginable.

¿Y el campo cuántico? Este campo es el núcleo de todos los aspectos físicos de la realidad, ya que contiene información y energía en forma de partículas virtuales con la característica única de poder entrar y salir de la existencia. Si quiere entender por qué la materia y la energía son como son, no busque más allá del campo cuántico.

La teoría del campo unificado tiene como objetivo unir todas las fuerzas de la naturaleza, mientras que el campo cuántico es el pegamento que mantiene unidas todas las energías y partículas, ya se trate de partículas subatómicas o de todos los universos existentes. Este campo es responsable de la no-localidad que conecta una cosa con todas las demás.

El misticismo cuántico explora el campo cuántico y el campo unificado a través de lentes espirituales. Los ávidos meditadores en el estado de pensamiento cero o punto cero simplemente conectan con estos campos, a partir de los cuales pueden crear las realidades que prefieran. Lo mismo ocurre con otras prácticas espirituales y de atención plena, como el yoga. Si se acostumbra a conectar con estos campos cada día, experimentará una profunda sensación de aprecio por la vida, el propósito, la pasión, la alegría y la unidad con todos y todo lo que le rodea.

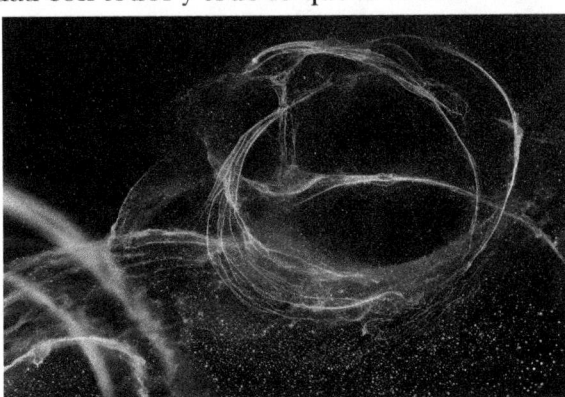

El campo unificado es la fuente de todas las cosas [28]

El campo unificado es la fuente de todas las cosas. Es de donde procede toda la vida y sus fenómenos y a donde todo vuelve. Este campo es puro potencial, sin nada fijo a menos que y hasta que fije su atención en una probabilidad, haciendo caso omiso de las demás. La teoría del campo unificado sugiere que todas las fuerzas y partículas son en realidad la creación de la misma energía, algo que los espiritualistas siempre han sabido mucho antes de que existiera la física cuántica.

Otra cosa fascinante de la teoría del campo unificado es el hecho de que va más allá de las limitaciones de la dualidad. Ya no es esto o aquello, sino esto y aquello, como Bashar, canalizado por Darryl Anka, es conocido por decir a menudo durante sus sesiones. Todas las cosas son una y la misma, variando solo en frecuencia o grado de expresión. Es como si el calor y el frío fueran en realidad expresiones de una sola cosa: La temperatura. Esta no dualidad se refleja en enseñanzas espirituales como el Advaita Vedanta del hinduismo o el dzogchen del budismo tibetano.

Maestros espirituales como Deepak Chopra y "el profeta durmiente", Eckhart Tolle, han arrojado luz sobre las similitudes entre experimentar el campo cuántico y la iluminación. Si comprende que su verdadera naturaleza no es su nombre, edad, trabajo, aspecto o cualquier otro apego del ego, sino que es en realidad el propio campo, será consciente de quién es realmente.

Ya no le dejará influir la realidad física. Sabrá lo plástica que es y nunca se conformará con menos de lo que desea. Conocerse a sí mismo como y en el campo cuántico significa descubrir el verdadero significado de la iluminación, que es, en última instancia, cómo liberarse de las ataduras del sufrimiento, la carencia y la limitación.

La sincronicidad de Jung

Si cree que las coincidencias son algo normal, piénselo otra vez. En este universo no hay accidentes. ¿Aún no está convencido? Está bien, pero ¿puede pensar en alguna ocasión en la que se haya producido una serie de acontecimientos tan inverosímiles que le hayan obligado a detenerse y preguntarse si no habrá una fuerza divina y sobrenatural guiñándole un ojo o divirtiéndose a su costa?

Carl Jung fue una mente brillante que inventó el término sincronicidad, que demuestra que existe una poderosa conexión entre su mente y el universo. La sincronicidad consiste en "coincidencias" preñadas de significado, al menos en lo que respecta al observador.

Carl Jung afirmó que existe una profunda conexión entre el mundo físico y su mundo mental [14]

Estos sucesos son a-causales, que es una forma elegante de decir que, cuando se producen, no se puede señalar qué suceso fue la causa y cuál el efecto. Sería como lanzar seis veces seguidas un doble seis en cuanto el reloj marca las seis mientras llevas una camiseta de fútbol americano con el número seis estampado. ¿Cuántos seises harían falta para que se diera cuenta de que no hay nada aleatorio en ese suceso del ejemplo?

Según Jung, existe una profunda conexión entre su mundo mental y el mundo físico que le rodea. Recoge información del inconsciente colectivo, una nube o campo del que todos los demás reciben percepciones, inspiración, visión, revelación y mucho más.

Este inconsciente colectivo está repleto de arquetipos y experiencias que se pueden relacionar con todos y no están relegadas a la experiencia individual. Estos arquetipos junguianos se manifiestan en la vida cotidiana en forma de acontecimientos sincrónicos. ¿Cuál es el propósito de estos acontecimientos? Pues bien, le transmiten mensajes o le muestran lo que ocurre en su mundo mental interior.

Carl Jung no tenía mucho que ver con la física cuántica, pero su trabajo sobre la sincronicidad, si se examina más de cerca, comparte una conexión filosófica con los fenómenos cuánticos. Piense en la no-localidad, por un momento, como partículas que están vinculadas entre sí, reflejándose unas a otras, y encontrará cómo ese concepto es paralelo a las ideas junguianas de la conexión entre el mundo y su psique a través del entrelazamiento y el efecto observador.

¿Habló Jung específicamente de una conexión entre la sincronicidad y la idea de que todas las cosas están predestinadas? La verdad es que no. Era algo que prefería ver con la mente abierta. Como mucho, consideraba la sincronicidad como una experiencia psíquica que merecía atención y estudio.

Sin embargo, algunos ven la sincronicidad como algo más que coincidencias significativas, optando por verlas como mensajes de un poder superior, el universo, o la fuente de energía, si lo prefiere. Esta visión del mundo sostiene que la sincronicidad es una señal de que el universo no es el resultado caótico de un big bang aleatorio, sino que debe haber una inteligencia dirigiendo las cosas, asegurándose de que toda la creación se mantiene en un camino divinamente ordenado.

La naturaleza no local de los fenómenos cuánticos

No es difícil encontrar la conexión entre el fenómeno cuántico de la no-localidad y las experiencias espirituales que desafían la lógica y no están sujetas a las limitaciones del espacio-tiempo. Ya conoce el entrelazamiento, pero ¿y el teorema de Bell? Funciona así.

Tiene un par de dados. No son dados ordinarios. Son mágicos. Láncelos, y siempre le darán el mismo valor, independientemente de lo separados que estén el uno del otro en el espacio o en el tiempo. Tire uno en Tombuctú y el otro en Plutón, y seguirán teniendo el mismo valor. Transporte un dado a la era cavernícola o Anunnaki y otro al año 5078, y seguirían teniendo el mismo valor. *¿En qué se diferencia esto del entrelazamiento?*

Por lo tanto, el teorema de Bell declara que no hay compatibilidad entre la mecánica cuántica y una teoría que implique variables ocultas locales. En pocas palabras, si el universo solo funciona, como dicta la física clásica, eso significa que la acción fantasmal a distancia es imposible; pero como ya sabes, no solo es posible, sino que está demostrada.

Este capítulo trata de la mística cuántica, así que es mejor volver sobre el tema. El teorema de Bell y el entrelazamiento cuántico tienen paralelismos con las experiencias espirituales trascendentes. ¿Ha sentido alguna vez una conexión profunda e inexplicable con el mundo que le rodea? ¿Y un momento en el que sintió que el tiempo ya no existía?

Durante acontecimientos especiales como estos, pierde su ego. Pierde la conciencia de todo lo que en su mente le hace pensar que está separado del mundo que le rodea. Se funde con la sopa cósmica de energía y se convierte en uno con todo. Momentos como estos le muestran que hay una dimensión de la vida más allá del tiempo lineal. Su alma comprende los primeros versos del poema de William Blake, *Augurios de inocencia*:

Ver un mundo en un grano de arena
Y un cielo en una flor silvestre
Sostener el infinito en la palma de la mano
Y la eternidad en una hora

No solo pierde su ego y todo sentido del tiempo, sino que también desarrolla un amor y una aceptación verdaderamente incondicionales hacia todos y cada uno, incluso hacia aquellos por los que nunca pensó que pudiera sentir compasión. Entonces, ¿qué tienen en común estas experiencias espirituales con la no-localidad de la física cuántica? Ambos son fenómenos que tienen lugar en un reino donde los relojes y los mapas son irrelevantes.

Ambos reflejan también la interconexión de toda la vida. También demuestran que hay algo aún más real que lo que captan sus cinco sentidos en este mundo físico, que usted no puede captar, al menos no con su comprensión actual del universo.

Ejercicios para acceder al campo unificado

La conclusión de este capítulo es que es valioso mantener el sentido de la conciencia unificada. La pregunta es, ¿cómo puede conseguirlo? Utilizando el siguiente ejercicio, transformará su vida para mejor a través de los medios más rápidos y eficientes, cambiando sus experiencias desde el nivel cuántico en lugar de a través del esfuerzo y la acción infructuosa.

Eso no quiere decir que la acción no tenga lugar en el cambio de su vida, pero una vez que alcance esa conciencia unificada, usted encontrará que las acciones que toma son menos como una batalla cuesta arriba y más como remar su barco alegremente río abajo como la vida es solo un sueño, uno lúcido que es muy sensible a sus pensamientos, sentimientos e intenciones.

Estar aquí, ahora: Busque una postura cómoda para sentarse o tumbarse y cierre los ojos. Dirija su atención a la respiración. Separe ligeramente los labios. Inspire profundamente por las fosas nasales, aguante la respiración unos segundos y espire por la boca. Es natural que la exhalación sea más larga que la inhalación, así que no lo piense demasiado. Solo respiré. Concédale uno o dos segundos antes de repetir el proceso una vez más.

Puede prestar atención al sonido de su respiración, a la sensación del aire al entrar por las fosas nasales y salir por los labios, a la suave subida y bajada del pecho y el vientre, o a las cuentas de cada parte de este ejercicio de conciencia.

Hágalo durante diez o quince minutos al día. Le resultará útil programar un temporizador antes de empezar para no distraerse comprobando cuántos minutos han pasado. *Deje que el temporizador se preocupe por usted.*

Atención: Su mente se desviará de la respiración. Podría hacerlo hasta tres veces cada 45 segundos o cien veces en un minuto. Cuando se dé cuenta, no se castigue por haber perdido la concentración. En todo caso, merece la pena celebrarlo: ¡está aprendiendo a darse cuenta de cuándo su mente se distrae!

Por lo tanto, suelte suavemente y con cariño el pensamiento o sentimiento que le distrae y vuelva a la respiración tantas veces como note que se ha distraído. Con el tiempo, observará que cada vez se distrae menos.

El beneficio de ser consciente del aquí y ahora a través de esta meditación deliberada se le revelará en los próximos días y semanas, siempre y cuando sea constante. Descubrirá el poder que tiene en su interior para cambiar su mundo, y no solo eso, será menos reactivo a las cosas que le provocaban estados indeseables de miedo, ira y ansiedad.

Desde este estado más empoderado, puede imaginar la vida que desea, mantener su objetivo firme en su mente, y la brisa a través del proceso de transformación como la vida cambia de lo que no quiere a lo que usted prefiere.

Capítulo 7: Enredos: todo está conectado

En este capítulo explorará las dimensiones espirituales de la vida. Y no solo eso, aprenderá más sobre la interconexión de todas las cosas, como demuestra el entrelazamiento cuántico a través de la lente del espíritu. ¿Está preparado para adentrarse aún más en la madriguera del conejo? Muy bien. ¡Le va a encantar!

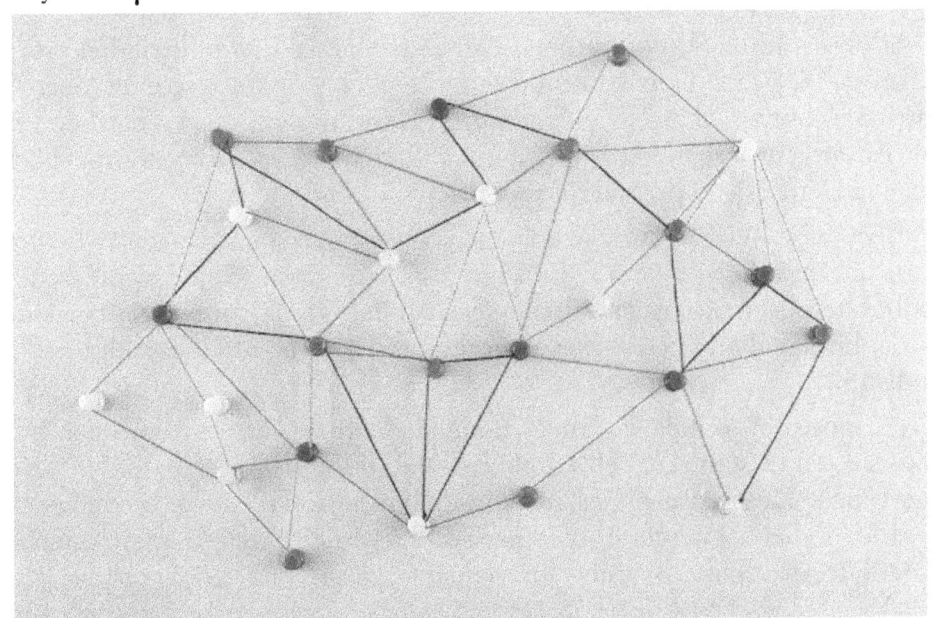

Todo está conectado [25]

Enredos: Una metáfora de la interconexión espiritual

El entrelazamiento cuántico tiene otras implicaciones fuera de la ciencia. ¿Dónde más se puede aplicar la idea de que dos partículas, separadas por el espacio, comparten una conexión tan fuerte que se reflejan mutuamente? Encontrará el tema de la interconexión en todas las religiones, con eco en las creencias y prácticas espirituales. No se trata simplemente de sentirse uno con los demás y con el mundo, sino de sentirse uno con la fuente misma de toda la creación.

Toda la vida es una cocreación, si realmente lo piensa. Todos y todo tenemos un papel que desempeñar para que la vida siga adelante. Cuando piense en el efecto observador y en el hecho de que en cada momento hay miles de millones de puntos en el espacio observando todo lo demás, se dará cuenta de lo verdaderamente interconectado que está todo.

De repente, el efecto mariposa no parece tan escandaloso. Gracias a la conciencia, cada observador contribuye a dar forma a la realidad tal y como es. Su intención y atención importan tanto como las de cualquier otra persona, encajando perfectamente para crear resultados que coincidan con las expectativas, independientemente del camino espiritual o práctica que utilice para crear la realidad deseada.

Si observamos el mundo que nos rodea, parece que la dualidad está a la orden del día. Hay "nosotros contra ellos", "blanco contra negro", "arriba contra abajo", etc. Nunca termina, o eso parece. El entrelazamiento cuántico y la espiritualidad sugieren lo contrario. Toda dualidad surge de la unidad de la conciencia.

Recuerde que el entrelazamiento consiste en la capacidad de una partícula de reflejar a otra con la que está enredada, lo que significa que todo, bueno o malo, es simplemente un reflejo de la conciencia colectiva de la humanidad. Todo está conectado, como la red de Indra en el budismo.

¿Conoce el reiki? Es una modalidad de curación espiritual que consiste en restablecer el equilibrio del cuerpo y la mente a nivel energético. La física cuántica sostiene que el universo es todo conciencia o, si lo prefiere, energía e información. Las partículas que componen el mundo forman parte de este campo de energía.

Prácticas como el reiki aprovechan energías curativas específicas del campo bioenergético del cuerpo [36]

En las tradiciones y prácticas espirituales como el reiki, se trata de trabajar con este campo para lograr sus objetivos, ya que todo en el campo está conectado con todo lo demás. Todo son campos dentro de campos. Su cuerpo tiene su campo bioenergético, y como está conectado al campo unificado, tiene sentido que los practicantes de reiki atraigan energías curativas específicas de ese campo al suyo para ayudarle a sanar.

Unidad en la diversidad

El entrelazamiento cuántico es la prueba de la unidad en la diversidad. A primera vista, esta frase puede parecer paradójica. Al fin y al cabo, la propia esencia de la diversidad sugiere que las partes son distintas y están separadas entre sí. Si no, ¿cómo podrían distinguirse unas de otras?

Sin embargo, cuando se contempla la vida a través de la lente del entrelazamiento cuántico o con ojos espirituales, resulta evidente que todo es en realidad una misma cosa, independientemente de lo separadas que puedan parecer a los sentidos ordinarios. Esto no es un llamamiento para que pierda su sentido del yo o para que asuma que nada ni nadie es especial. Su singularidad es tan válida como el hecho de que está unido al mundo que le rodea en energía y espíritu.

El hinduismo es uno de esos caminos espirituales que enfatizan la idea de unidad en la diversidad. Si sigue este camino, entonces cree que el Brahman es la realidad última que no tiene ninguna forma específica. El Brahman es también infinito y está más allá del tiempo, pues es a la vez primordial y eterno. Aunque es la esencia misma a partir de la cual se elabora toda la vida, también está representado por el panteón hindú de deidades, que representan sus diferentes aspectos divinos.

Por ejemplo, Shiva es el dios de la destrucción y la regeneración. Saraswati es la encarnación del conocimiento. Lakshmi es la diosa de la riqueza y la prosperidad. Estos son solo algunos de los dioses y diosas del panteón hindú. Aunque los hindúes respetan y veneran a cada uno de estos seres divinos por sus cualidades únicas, los consideran parte del Brahman. De este modo, el hinduismo refleja la verdad del entrelazamiento cuántico, que es la unidad en la diversidad.

¿Y los sufíes? ¿En qué creen? El sufismo es una vertiente mística del islam. Uno de los principios que defiende esta filosofía es la idea de que toda la creación surge de lo divino y contiene un elemento de divinidad en su interior. Esto se conoce como la unidad del ser o Wahdat al-Wujud.

Un verdadero sufí le dirá que no hay nada ni nadie en la existencia que no contenga la esencia del creador divino en su interior. Toda la creación es una manifestación de la divinidad de Alá. Es imposible que algo o alguien exista sin que la voluntad de Alá lo mantenga en la existencia.

Los sufíes creen en un orden superior para que todo se conecte para existir [27]

¿Ha oído hablar alguna vez de la red de Indra? Indra es un deva védico. Colgando sobre su palacio en el monte Meru, la red tiene una joya en cada nodo. Una verdad interesante sobre estas joyas es que se reflejan unas a otras. Si lo piensa, es una representación perfecta de la interconexión de todo en el mundo. Es una hermosa forma de visualizar la unidad en la diversidad.

El budismo también tiene el concepto de *pratitya samutpada*, también conocido como origen dependiente, que subraya que cada fenómeno, conocido y desconocido, no solo está conectado con los demás, sino que existe gracias a ellos.

¿Ha oído hablar alguna vez del yin y el yang? No, no de los gemelos raperos. Yin y yang es el concepto taoísta de los opuestos que armonizan entre sí. Aunque estas fuerzas son claramente distintas entre sí, dependen unas de otras para que el mundo funcione equilibradamente como debería.

Imagine un mundo en el que solo existiera él arriba y no él abajo o la izquierda y no la derecha. Sería un mundo muy extraño, ¿verdad? El yin y el yang expresan maravillosamente bien la idea de unidad y diversidad al tomar los polos opuestos que conforman la dualidad y mezclarlos para crear una existencia armoniosa.

La sociedad ha lavado el cerebro a la gente para que demonice un extremo del espectro frente al otro. Los conservadores extremos no quieren escuchar a los liberales extremos porque el otro lado está lleno de demonios o de ilusos. Es una forma triste de vivir la vida, porque hasta un reloj estropeado acierta en algún momento del día.

Luego está la discusión sobre qué es más superior, lo masculino o lo femenino. En un mundo que no reconoce ni respeta la unidad en la diversidad, tenemos a Andrew Tate en un extremo y a Shera Seven en el otro. Ser incapaz de encontrar el equilibrio entre la luz y la oscuridad es una receta para el desastre, y por si se lo preguntaban, "oscuro" en este contexto no es algo malo. Ese proceso de pensamiento sería similar a decir que la noche y la luna son malas y el día y el sol son buenos.

Siempre habrá quien sostenga que todo es uno, y eso es todo. Luego están los que sostienen lo contrario, alegando que, en el mejor de los casos, es ridículo sugerir que todo el mundo es uno y lo mismo, y en el peor, invalidante. Esto es lo bonito del entrelazamiento cuántico, ya que actúa como puente entre ambas filosofías. Es la demostración de que el universo, aunque fundamentalmente unido, es un espacio que permite que prosperen la diversidad y la singularidad. El todo no es mayor que la suma de sus partes, y viceversa, ya que una no puede existir sin la otra.

Meditación y contemplación: Puentes hacia el poder cuántico

¿Cómo se aprovecha el entrelazamiento cuántico? Si dos partículas están interconectadas a nivel cuántico, afectándose mutuamente de forma instantánea, es lógico que pueda conseguir lo mismo con su vida. Piense en usted mismo como una partícula y en su experiencia de la vida como otra partícula con la que está intrincadamente conectado.

Hasta ahora, puede que haya permitido que el reflejo externo de su experiencia vital dicte su estado de ser. Sin embargo, puesto que está enredado con su experiencia vital, ¿qué pasaría si simplemente cambiara su estado de ser sin esperar a que el mundo exterior lo haga primero?

Por ejemplo, si quiere más felicidad y relaciones gratificantes en su vida, ¿qué pasaría si en lugar de esperar a que aparezcan personas que encajen perfectamente con sus deseos, encarnara el estado de ser una persona que ya tiene estas conexiones satisfactorias?

Según el principio del entrelazamiento cuántico, su vida deberá reflejar este nuevo estado de ser que ha adoptado. La forma más eficaz de aprovechar este poder es ser profundamente consciente de su conexión con el mundo que le rodea. Debe hundirse desde el conocimiento básico de la cabeza hasta su corazón o centro de sentimientos y bajar hasta su vientre: *Usted no está separado de los demás.*

Cuando está "en su vientre", vive su vida consciente de las otras partes de sí mismo. Es fácil suponer que basta con aceptar esta verdad mentalmente, pero no es así. Necesita sentirlo realmente en sus entrañas. ¿Cómo se consigue? Mediante los mecanismos de la meditación y la contemplación.

La meditación hace que su experiencia de unidad sea muy real y palpable. No puede meditar durante tres horas seguidas una vez cada cuatro meses hábiles y suponer que con eso tendrá el trabajo hecho. Es mucho mejor ser constante con la práctica. Incluso cinco minutos al día le ayudarán a ser más consciente de su conexión con todas las cosas y, con el tiempo, mantendrá esa conciencia incluso después de haber terminado de sentarse en silencio.

Muchos practicantes de la meditación afirman experimentar un momento en el que sienten que se expanden más allá de sus cuerpos o que se hunden en ellos, convirtiéndose en todo o en nada. Tiene la sensación de que no hay forma de saber dónde acaba uno y dónde empieza el mundo. Las palabras no bastan para captar la profunda experiencia de unidad que se produce a través de la meditación. Tiene que trabajar y comprobarlo usted mismo.

La contemplación es otra poderosa herramienta similar a la meditación. Cuando medita, libera deliberadamente sus pensamientos y sentimientos, observándolos sin apego. Sin embargo, cuando contempla, se toma tiempo para reflexionar sobre temas específicos. El objetivo de la contemplación es recibir una visión y una comprensión más profunda de su camino espiritual.

Al darle a su mente la tarea de desentrañar la idea del entrelazamiento cuántico, usted se revela a sí mismo su poder de manifestación. El entrelazamiento cuántico sugiere que todas las cosas están interconectadas, lo que implicaría que si desea algo, usted ya lo posee, puesto que usted es aquello que desea.

Recuerde: *Tat tvam asi* "usted es eso". El buscador es lo buscado. Despierte a la verdad de que usted contiene todo lo que desea y necesita, y ya no tiene que buscar estas cosas. Sus deseos le encontrarán. Esta es solo una de las muchas realizaciones a las que llega cuando practicas la contemplación.

Meditación cuántica

La meditación cuántica no es una forma ordinaria de meditación porque implica trabajar con los principios de la física cuántica. La forma de trabajar con esta modalidad de meditación es aceptar que sus pensamientos, sentimientos e intenciones tienen efectos reales en su experiencia de la vida. El proceso de pensar y sentir interactúa con el campo cuántico.

Recuerde que este campo está lleno de potencial, lo que significa que sus pensamientos y sentimientos son sus observaciones del campo. Sus observaciones, a su vez, cristalizan un resultado específico y adecuado de entre las muchas probabilidades que el campo le ofrece. Por tanto, la meditación no solo le ayuda a manifestar, sino que también le recuerda que está eternamente conectado al campo cuántico, lo que le facilita manifestar los deseos de su corazón.

¿Cómo incorporar los principios de la física cuántica de forma práctica mientras medita? Considere el efecto observador y comprenderá la importancia de utilizar la imaginación para visualizar la versión de sí mismo que prefiera. También trabajará con el poder de la intención para potenciar su visualización.

La intención es su voluntad. Es saber que su realidad preferida no solo es posible, sino que también es un hecho. Con esta actitud, influirá en su realidad física para que refleje las visiones que tiene en su mente de cómo debería ser.

Un poderoso objetivo de la meditación cuántica es permitirte sentir la unidad con el universo. La mayoría de las veces, cuando la gente medita, es porque están buscando maneras de aliviar los sentimientos de ansiedad, depresión, preocupación, etc. La gente medita para encontrar la paz interior.

Sin embargo, los meditadores cuánticos buscan mucho más que quietud. Quieren experimentar la vida que saben que merecen vivir.

Incluso cuando no tienen un deseo específico que les gustaría traer a esta realidad tridimensional, los meditadores cuánticos continúan su práctica para recordarse a sí mismos la interconexión de todas las cosas y permanecer en la conciencia de su unidad con "el todo", o el campo unificado, si lo prefiere.

La meditación cuántica es una combinación de atención plena y principios de física cuántica que le llevan a un estado de superconciencia. A continuación, le explicamos cómo utilizar la meditación cuántica para lograr lo que su corazón desee.

Tome una decisión. Debe saber exactamente lo que quiere de la vida. Demasiada gente sabe muy bien lo que no quiere. De hecho, es posible que haya respondido a la pregunta "¿qué es lo que quiere?", enumerando rápidamente todo lo que se le ocurre, que le gustaría dejar de hacer o terminar, o que desearía que no fuera un problema para usted. Si es así, usted se está centrando en el extremo equivocado de la vara.

Para hacerlo más práctico, no debería decir que quiere un trabajo mejor pagado que el que tiene cuando lo que realmente quiere es más dinero por menos trabajo. Si aún no tiene claro lo que quiere, puede utilizar las cosas que no quiere para que le den pistas sobre lo que sí quiere. Luego, dé un paso más y pregúntese por qué quiere esas cosas, y descubrirá sus verdaderos deseos.

Por ejemplo, cree que quiere mucho dinero, pero cuando indaga un poco más, se da cuenta de que lo que realmente quiere es viajar por el mundo. Usted suponía que necesitaría mucho dinero para poder explorar los bellos tesoros del mundo, cuando eso no es cierto. ¿Y si todos sus vuelos, alojamientos, comidas y necesidades varias corrieran a cargo de otra persona? Así que, sea específico sobre lo que quiere, y conseguirá liberarse de su propio camino.

Póngase cómodo. Busque un lugar tranquilo, sin distracciones ni molestias, donde pueda concentrarse durante los próximos 10 o 15 minutos. Asegúrese de que va vestido cómodamente para que la ropa no le pique, le apriete, le dé demasiado calor, etc.

Sitúese cómodamente. ¿Tiene un sillón reclinable? Perfecto. Póngalo en posición semierguida. Si no tiene sillón reclinable, no pasa nada. Siéntese en una silla o en el suelo sobre una esterilla en posición de loto o medio loto.

Cierre los ojos y centre su atención en la respiración. Inhale y exhale profundamente varias veces, concentrándose en liberar toda tensión y preocupación al exhalar. Siga respirando así hasta que note que se siente tranquilo y quieto, totalmente presente en el aquí y ahora.

Imagine. Esto es lo mismo que la visualización. Imagínese en una zona cuántica. Puede darle el aspecto que desee. Podría ser un vacío blanco o negro o la playa. Incluso podría ser un pasillo lleno de puertas que se ramifican hacia diferentes versiones de su vida.

Sea lo que sea lo que visualice, sepa que esta zona es donde todo y cualquier cosa es posible. Es la zona donde existen todas las versiones posibles de usted. Aquí no hay límites a las elecciones que puede realizar. Puede seleccionar varias líneas temporales y realidades paralelas. Asegúrese de que imagina desde una perspectiva en primera persona y no en tercera. En otras palabras, no debería ver su cuerpo como algo separado de usted. Debería estar dentro de su cuerpo.

Imagine que múltiples versiones de la realidad se ramifican a partir de la actual. Haga lo que haga, no tenga prisa por elegir la más cercana o la más rápida. En su lugar, seleccione el camino que más desee. Esto significa que tendrá que dejar la lógica en la puerta. La zona cuántica está más allá de la lógica y la racionalidad. Usted estaría haciéndose un gran daño al atarse a estas cosas.

Elija. Escoja la versión de su vida que le llame más fuerte, la que se sienta bien en su alma. El proceso de elección puede ser como usted quiera. Podría consistir en atravesar una puerta, un portal o un espacio liminal de algún tipo. Podría ser como cambiar de canal en la televisión hasta encontrar la versión de la realidad que prefiere y atravesar la pantalla para encarnar esa vida. Usted elige.

Utilice sus sentidos imaginarios. Una vez que entre en la versión de la vida que prefiera, utilice los cinco sentidos de su imaginación para que todo le parezca real. ¿Qué puede ver en esta escena? ¿Qué oye? ¿Qué puede oler, saborear y tocar? ¿Cómo se siente emocionalmente? Cuanto más profundamente se sumerja en sus sentidos imaginarios, más real le parecerá y más se cargará esta nueva versión de su vida, forzándola a convertirse en su nueva normalidad.

Acepte que ya está hecho. Resista la tentación de descartar este ejercicio como "nada más que imaginación" cuando haya terminado. La imaginación es una herramienta que le permite interactuar con el campo cuántico y extraer de él lo que desee. Los profesores y otros adultos que le reprendieron por soñar despierto de niño le deben un millón de disculpas.

Hay un punto importante que debe recordar si decide practicar la meditación cuántica para manifestar sus sueños. Haga lo que haga, debe imaginarse las diferentes opciones disponibles **mucho después** de haber recibido su deseo.

Si quiere comprar un coche, no se imagina en el concesionario probándose diferentes vehículos. En lugar de eso, se imagina, digamos, seis días, semanas, meses o un año después de haber conseguido el vehículo. De este modo, se fija firmemente en su mente que su deseo ya no es un deseo, sino la realidad de su situación en este momento. Como dijo el gran místico Neville Goddard, está haciendo "allí" aquí y "entonces" ahora.

Puede usar esta técnica de meditación cuántica para lo que quiera. Puede utilizarla para las relaciones, las amistades, los ascensos y la curación. ¿Ha pasado una noche terrible? ¿No ha podido dormir lo suficiente? Puede utilizar esta meditación para colocarse en una versión de la realidad en la que tuvo la mejor noche de sueño y se sorprenderá de la eficacia con que funciona.

Trabajar con el campo cuántico a través de esta forma de meditación cambia el funcionamiento neuroquímico de su cerebro, poniéndole en contacto con el poder de elegir en lugar de darse la vuelta y aceptar la mano que el destino le ha repartido. A través de la meditación cuántica, llegará a reconocer su interconexión con el mundo y a ser más consciente de su conciencia. Así es como sana su vida. Así es como manifiesta sus sueños.

Capítulo 8: Superposición: Todo es posible

La superposición es toda una paradoja, ¿verdad? Imagine que las partículas son como los sabores del helado. ¿Qué interesante sería que la misma bola tuviera todos los sabores imaginables al mismo tiempo? En este capítulo, profundizará en la idea de la superposición para comprender aún mejor cómo funciona y encontrar la conexión entre este fenómeno de la física cuántica y conceptos espirituales como el poder de la atención focalizada y la intención.

Superposición: Potencial ilimitado

El experimento mental del gato de Schrödinger es el epítome de la superposición. Recuerde, se trata de un sistema cuántico capaz de existir en más de un estado hasta que se produce el efecto del observador. Esto sigue siendo un poco difícil de aceptar, porque implicaría que el coche rojo de la entrada de su casa también es naranja, amarillo, azul, verde, morado, está al revés, averiado, nuevo y, además, *no* está en la entrada de su casa a menos que usted lo esté mirando. ¿Qué tiene que ver la superposición con la espiritualidad?

Independientemente del camino espiritual que considere, de la cultura a la que pertenezca o del periodo de la historia de la humanidad en el que se originó, descubrirá que existe la creencia de que cada persona lleva una *chispa de divinidad* en su interior, que le da valor. La espiritualidad sugiere que todo el mundo tiene un valor inherente, gracias a esta chispa divina, como la llaman los cristianos.

En el budismo, esta chispa es la *naturaleza de Buda*. En el hinduismo, es el atman, una palabra para describir el verdadero yo. En el islam, es la fitra, la parte de la naturaleza humana que honra el tawhid o unidad con Dios. Esta parte de usted es la pureza primordial. Al abrazar estos principios espirituales, aprenderá que no tiene sentido encasillarse con etiquetas. Son conceptos que le muestran que usted es mucho más que su yo físico.

Tiene el potencial de ser, hacer o tener todo lo que pueda imaginar y más, pero todo permanecerá latente hasta que decida expresar ese potencial en su interior, ya sea espiritual, emocional, intelectual o de cualquier otra forma.

La superposición en la mística cuántica le invita a dejar de pensar en blanco y negro para jugar más en el gris. Abandone las limitaciones de "o lo uno o lo otro" y abrace "esto *y* aquello". De este modo, será consciente de las distintas habilidades, destrezas, talentos y experiencias que tiene a su disposición y podrá elegir lo que quiera de ese surtido para disfrutar de una vida más plena y enriquecedora.

Si ha vivido lo suficiente, probablemente haya llegado a aceptar que la vida siempre tendrá altibajos, cosas buenas y malas, altos y bajos. En última instancia, todas estas cosas son buenas porque evoluciona y crece experimentando ambos lados del espectro. En la oscuridad, usted descubre nuevos aspectos de sí mismo, igual que cuando hay luz.

Como resultado, toma conciencia de lo que es posible para usted. Cuando esto ocurre, no puede volver a ser quien solía ser sin sentirse miserable e insatisfecho. Lo mejor es estirarse y crecer más allá. Al igual que el proceso de observación de una partícula en superposición fuerza un colapso en su función de onda, esta asume un estado específico, así también las experiencias de su vida le obligan a encarnar y expresar la parte de usted que antes no era más que un sueño.

Muchas personas se preguntan qué deben hacer con ellas mismas. ¿Qué sentido tiene la vida? ¿Por qué seguir adelante? Estas y muchas otras son algunas de las preguntas existenciales que la humanidad se ve obligada a plantearse. ¿Cómo sabe que debe ser piloto en vez de pirata? ¿Cómo sabe que está destinado a ser casamentero en lugar de gerente? Pues no lo sabe. No se "supone" que haga otra cosa que explorarse a sí mismo durante el resto de su vida. Eso es.

La autoexploración y la autoexpresión son las principales razones para vivir. No puede luchar contra lo que lleva dentro pidiéndole que crezca en una dirección o en otra. Por mucho que lo intente, el cambio es inevitable. Cuando haga las paces con la exploración más allá de su zona de confort, aprenderá más sobre quién es. Su verdadero yo está lleno de sorpresas maravillosas, a veces alucinantes, si mantiene la mente abierta y su afinidad por las madrigueras de los conejos. Sus pensamientos e ideas inspirados están en un estado de superposición y permanecerán ahí hasta que actúe sobre ellos. Solo entonces podrá llevarlas a la realidad y ver si le gustan.

El concepto de manifestación es muy popular en la espiritualidad. Podría pensar en la manifestación como el proceso de traer sus deseos cuánticos al mundo físico para experimentarlos. Hasta que su deseo se hace realidad, permanece en un estado de superposición.

Así que puede considerar el fenómeno cuántico de la superposición como una metáfora del potencial que lleva dentro, que aún no se ha explotado y es ilimitado. Sus deseos permanecen en el reino cuántico a menos que decida manifestarlos y hacerlos realidad en el plano físico. La manifestación es la forma definitiva de creatividad.

Ahora ya sabe en qué consiste la superposición. ¿Cómo se aprovecha? ¿Cómo ponerla en práctica? Para crear la vida de sus sueños, lo primero que debe hacer es aceptar que todo es posible. El hecho de que ahora mismo no vea un camino hacia el resultado preferido que desea no significa que no lo haya o que no pueda tener lo que desea.

Del mismo modo que la partícula cuántica existe en una miríada de estados simultáneamente, usted también tiene una miríada de ideas que existen en su interior.

Hay una versión de usted con ese coche, casa, pareja o cualquier otra cosa que busque. Hay una versión de usted que es más saludable que la versión actual que está encarnando. Hay una versión de usted que vive una vida plena y que por fin ha encontrado el amor verdadero. Quienquiera que desee ser, usted es esa persona, pero está siendo esa persona, *potencialmente*, en un estado de superposición.

La forma de forzar un colapso de la función de onda y convertirse en esa persona potencial que le gustaría actualizar es aceptando primero que todo es posible para no limitarse a las cosas con las que ya está familiarizado. No deje que la lógica actúe como una bola y una cadena, impidiéndole desplegar sus alas y volar.

Lo siguiente que debe hacer es visualizar el resultado que prefiere. Al desarrollar una imagen mental de cómo se sentiría, pensaría y llevaría el día como la persona en la que quiere convertirse, fuerza el colapso de la función de onda. Obliga al estado de superposición de su potencial a volverse cristalino y firme en un solo estado. Una vez que tenga esta imagen mental clara de sí mismo, debe pasar a la acción. La acción es otra parte importante del proceso de colapsar sus ideas y preferencias en superposición para convertirlas en realidad.

La intención y el potencial de transformación personal

Cuando contempla la idea de la superposición, se da cuenta de que no existe una realidad fija. La verdad sobre la realidad es que es dinámica. Existen innumerables posibilidades que juegan entre sí para crear posibilidades aún más interesantes. Si quiere transformar su vida por completo, tiene que reflexionar sobre cuáles son sus intenciones conscientes, porque son los propulsores del cambio que busca.

Debido a la naturaleza ilimitada del reino cuántico, el cambio que podría experimentar podría sacudir absolutamente su mundo. Las limitaciones son tan reales como usted crea que son. Durante demasiado tiempo, la humanidad ha asumido que es imposible cambiar la realidad. Esta suposición está aún más arraigada en la psique humana gracias a organizaciones y sistemas con normas y procesos que deben seguirse al pie de la letra.

La aparente rigidez de la naturaleza de la realidad ha permanecido incuestionable durante mucho tiempo. Podría considerarse una bendición que los físicos cuánticos hayan descubierto y seguido investigando la idea de la superposición, que sugiere que la realidad es todo lo fluida que puede ser. Está llena de infinitas posibilidades que siguen fluyendo y evolucionando a medida que interactúan entre sí en un flujo y reflujo.

Si observa esta idea a través de una lente espiritual, descubrirá que la realidad es una cuestión de creación, de hilos interconectados que están siempre en estado de flujo, respondiendo a lo que esté pensando o sintiendo en ese momento o a cualquier intención que haya fijado en su mente.

Si desea una transformación como ninguna otra que haya experimentado en su vida, necesita utilizar el poder de la intención. Llegado a este punto, la pregunta lógica que debemos hacernos es, *¿qué es exactamente la intención?* ¿Qué significa? Algunas personas piensan que la intención no es más que fijar objetivos. Piensan que solo se trata de hacer planes e intentar seguir esos planes.

Una intención es mucho más que eso. Es lo que da vida a la transformación. Es una oración, silenciosa y sagrada, que susurra con sinceridad al universo o a su creador, confiando en que se expresará como su realidad.

Cuando expresa su intención, no está simplemente pronunciando palabras porque sí. Está poniendo en juego cada parte de usted. Está infundiendo estas palabras con energía o sentimiento.

Su intención es aquello por lo que vive. Es lo que desea experimentar por encima de cualquier otra cosa en la vida. La mayoría de las veces, las intenciones están ligadas a cosas que no considera posibles, en el sentido de que es posible que no piense en el concepto de intención hasta que se dé cuenta de que lleva un tiempo luchando con un objetivo concreto. Pero, ¿por qué es así? Para entender la respuesta a esa pregunta, debe pensar en la naturaleza de una intención.

Intención consciente

Para empezar, las intenciones son claras. ¿Es usted una de esas personas que siempre hace planes para luego fracasar y decidir que la planificación es un ejercicio inútil? Puede deberse a que no haya aportado claridad desde el principio. Debe tener claro qué es lo primero que quiere experimentar o conseguir. Esto significa sintonizar con sus deseos más profundos.

Una vez que lo tenga claro, debe alimentar su intención con fe, que es una confianza inherente en que lo que desea no solo puede manifestarse, sino que ya está hecho. Tener fe es ir más allá de creer y saber qué está hecho. A partir de este estado en el que sabe que tiene su deseo, puede pasar a la acción.

Cuando combina la claridad, la fe y la acción, tiene una intención poderosa que debe crecer y convertirse en *aquello que busca en la realidad*. Esta es la fórmula secreta, no tan secreta, para crear su realidad con el poder de la intención y transformar su vida más allá de lo imaginable. Su intención actúa como el observador que colapsa la función de onda en su resultado deseado.

Que su intención sea grande o pequeña es insignificante. De hecho, las ideas de grande y pequeño no son más que lógicas en posiciones que usted coloca sobre sí mismo. Como Abraham, un conjunto de entidades canalizadas por Esther Hicks, dice a menudo: "Es tan fácil crear un castillo como un botón".

Se haría un gran favor a sí mismo si eliminara esas suposiciones de que algunas cosas son más difíciles o tardarán más tiempo que otras en manifestarse. Todo lo que tiene que hacer es permanecer coherente con su intención, manteniendo su atención centrada en lo que desea y actuando en alineación con ese deseo, asumiendo que ya tiene lo que quiere. Al hacer esto, su intención florecerá en una manifestación real.

Algunas personas entienden la idea de la intención y trabajan con ella para manifestar sus deseos, pero fracasan. ¿Por qué ocurre esto? Falta una pieza clave del rompecabezas que, una vez que la tenga, le abrirá las puertas de lo imposible para siempre. Esta pieza que falta es la repetición.

Aquellos que intentan manifestar sus deseos y no obtienen resultados a menudo asumen que una vez es suficiente. Es posible llegar al punto en que las cosas sucedan así de rápido, pero cuando recién están comenzando a aprender a manifestar y no tienen suficiente fe, no es una buena idea trabajar solo con la intención de vez en cuando. Si este es su caso, no hay razón para castigarse por no saber. La repetición es poderosa.

Cuando usted reafirma repetidamente sus intenciones y se centra en ellas, hace que todos sus pensamientos y acciones se alineen con la versión preferida de la realidad que usted busca. La naturaleza aborrece el vacío. Si está pensando, actuando, sintiendo y viviendo como alguien que ya tiene lo que quiere, está causando un vacío y, por lo tanto, la naturaleza debe intervenir para corregir ese vacío, dándole la vida que está actuando como si ya tuviera.

Esto es el entrelazamiento cuántico en acción, donde lo que le ocurre a una partícula debe ocurrirle a la otra partícula con la que está entrelazada. La repetición es como usted aprende todo, ¿no es así? Así es como llegó a ser tan competente en la lectura y la escritura. Pues bien, el mismo proceso es el que le permite convertirse en un experto en vivir su vida como esta nueva versión de sí mismo que aún no está acostumbrado a ser. Piense en ello como regar una planta y aplicarle abono para que, cuando florezca, lo haga maravillosamente.

Visualización

Cuando visualiza, crea en su mente una imagen clara y poderosa de lo que prefiere experimentar en su vida. La visualización es una herramienta excelente para catalizar su crecimiento personal y fomentar la manifestación de sus sueños. Parece haber un gran abismo entre sus deseos, que están en un estado de superposición, y la manifestación de dichos deseos. La visualización es el puente que une ambos. Cuando se imagina a sí mismo, a su mundo y a su vida de la forma que prefiere, provoca un colapso de la función de onda.

La visualización es como seleccionar un canal específico para ver un programa concreto. Por ejemplo, digamos que le gustaría ver algo del actor Ryan Reynolds. Le has visto en multitud de series y películas cómicas, pero le gustaría ver una faceta más seria. Así que le da a buscar entre todas las opciones en las que ha participado y finalmente elige la única en la que interpreta a un personaje serio.

Sabe que esto es diferente porque puede ver una representación visual de Ryan Reynolds siendo serio frente a ser tonto. Cuando se trata de manifestar sus deseos, usted es Ryan Reynolds en este contexto. También es la persona con el mando a distancia que elige qué programa le gustaría ver. Esto se consigue mediante la visualización. La visualización es poderosa cuando se repite. Cada vez, se centra en la versión de sí mismo que preferiría ser.

Cuando visualice, nunca debe imaginarse a sí mismo siendo proyectado en una pantalla; en su lugar, personifíquese viendo a través de sus propios ojos. Algunas personas han utilizado la visualización y han descubierto que no les funciona, pero a otras sí, porque siempre que practican la visualización, otra persona acaba con su manifestación.

Si practica la visualización mirándose a sí mismo como si estuviera en una pantalla, está proyectando sus deseos en otra persona. Pero al encarnarse a sí mismo, mirándose a través de los ojos y estando dentro de su cuerpo mientras visualiza su resultado preferido, se asegura de que su manifestación sea suya y solo suya.

Afirmaciones

Las afirmaciones son afirmaciones hechas en el sentido presente para atestiguar el hecho de que ya tiene lo que quiere. La superposición ofrece la metáfora perfecta para entender cómo las afirmaciones pueden cristalizar en manifestaciones reales en su vida. Cada palabra que pronuncias es una semilla que tarde o temprano dará fruto.

La Biblia dice que la vida y la muerte están en el poder de la lengua. Aunque pueda parecer una afirmación totalmente dramática, no está lejos de la verdad porque a menudo, como también dice la Biblia, de la abundancia del corazón habla la boca. Lo que crea de verdad sobre sí mismo, su vida y los demás es exactamente lo que dirá, a menos que intente engañar deliberadamente a alguien o cambiar activamente su vida mediante el poder de sus palabras.

Una parte clave de las afirmaciones es la repetición. A medida que repite estas afirmaciones, hace que su mente subconsciente se las crea más y más cada día. Está provocando el colapso de la función de onda que convertirá su realidad actual en la deseada. Al afirmar repetidamente sus verdades preferidas, descubrirá que sus acciones y pensamientos están alineados con estas nuevas afirmaciones.

Se está perdiendo algo si no aprovecha el poder de las afirmaciones porque no hay mejor manera de cambiar su sistema de creencias. Ahora la pregunta es, ¿por qué querría cambiar lo que cree? La respuesta es simple. No puede manifestar lo que no cree. Una excelente definición de una creencia, de acuerdo con Abraham Hicks, es un pensamiento que ha estado pensando una y otra vez el tiempo suficiente, y ahora piensa que es la verdad.

Una parte clave de esa definición es la idea de repetición. Si ha instalado creencias en su mente que no le sirven y no le ayudarán a lograr los sueños que quiere ver hechos realidad, se haría un favor trabajando con afirmaciones que apoyen su nueva vida preferida. Si desea una experiencia diferente, entonces usted tiene que instalar un nuevo sistema de creencias, y no hay mejor manera de lograr que mediante el uso de afirmaciones repetidas constantemente.

En el momento en que adopte nuevas creencias, la vida cambiará para usted. Esto se debe a que sus creencias actúan como un filtro. Así, si cree que la vida está llena de gente hostil y terrible, la persona más amable del mundo podría pasar a su lado en la calle, sonreírle y saludarle, y usted encontraría de alguna manera la forma de malinterpretar ese saludo como malicioso. Una vez que crea de otra manera que la vida está llena de gente maravillosa, genuina y amable, empezará a notar más de eso en su vida porque tiene un nuevo filtro que apoya una vida llena de gente agradable a su alrededor.

Ahora que entiende el poder de la intención consciente, la visualización y la afirmación, he aquí un proceso básico que incorpora estas herramientas para manifestar su realidad:

- **Establezca descripciones** claras y precisas de lo que desea.
- **Establezca una intención** enmarcada en tiempo presente basada en su deseo. Sea breve y sencillo.
- **Relájese.** Cierre los ojos y póngase cómodo. Respire profundamente hasta que solo sea consciente del momento presente y, a continuación, imagínese haciendo, siendo o teniendo lo que desea.
- **Repita afirmaciones positivas** que afirmen que lo que desea es real. Hágalo al menos una vez al día durante cinco o diez minutos, al principio o al final de la jornada.

Su afirmación es su intención en palabras. Cada una de ellas debe ser breve y sencilla, y empezar siempre con las palabras "yo soy". Si su mente consciente sigue entrometiéndose con la lógica, diciéndole que usted no es quien dice ser, puede utilizar "formular afirmaciones" en su lugar. ¿Cómo?

Hágase preguntas como "¿Cómo he llegado a ser tan rico?". "¿Cómo he llegado a estar tan sano?". No está haciendo estas preguntas para obtener respuestas reales. Se las hace de la misma forma que le preguntaría a su pareja: "¿Cómo he tenido tanta suerte de estar contigo?". Tanto si utiliza *preguntas* de afirmación o *afirmaciones*, repítalas una y otra vez con sentimiento y gratitud.

- **Actúe en consonancia con su intención lo mejor que pueda.** Con el tiempo, surgirán ideas en su interior sobre qué curso de acción tomar a continuación. Siga cada corazonada que reciba. Actúe con la conciencia de que ya está hecho, e incluso si su acción no resulta fructífera, asuma que ya está hecho.

El hecho de que entre en una sala de cine mientras el protagonista está inconsciente no significa necesariamente que la película acabe así. Si ya ha visto la película antes, no le molesta ese triste fotograma. Sabe que al final los buenos salen victoriosos. Esta es la misma actitud con la que debe enfrentarse a sus experiencias cuando se disponga a manifestar sus sueños.

Debería reconfortarle saber que existe una versión de usted mismo, que ya tiene todo lo que podría soñar y que tiene un conjunto totalmente diferente de deseos y objetivos que le gustaría alcanzar. Esta versión existe no solo por el fenómeno cuántico de la superposición, sino también por el hecho de que el multiverso es una teoría sólida. Ni siquiera el metaverso de Zuckerberg, con toda su inteligencia y todos sus dólares invertidos en él, podría competir con el multiverso sobrenatural.

Capítulo 9: El multiverso

Según la interpretación de los múltiples mundos de la mecánica cuántica, el multiverso es real. Cada suceso cuántico podría conducir a una miríada de resultados, y cada uno de estos resultados hace que se forme una rama separada de la realidad. Así que, en este capítulo final del libro, va a profundizar en el multiverso. Comprenderá los entresijos de esta teoría y verá cómo puede remodelar para mejor sus supuestos de la vida.

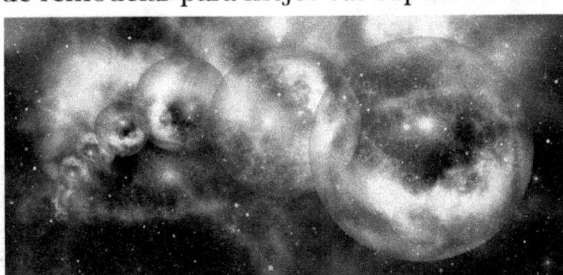

El multiverso[38]

El multiverso

Según la hipótesis del multiverso, el mundo está lleno de múltiples universos además de aquel en el que vive actualmente. Algunos de estos universos pueden reflejar fielmente aquello con lo que está familiarizado, mientras que otros podrían estar muy alejados de cualquier cosa que haya conocido o imaginado.

La teoría de los multiversos sugiere que existe un mundo en el que la gravedad funciona al revés, en el que se inhala dióxido de carbono para exhalar oxígeno y en el que el proceso de digestión funciona de abajo hacia arriba. Este último ejemplo es un poco repugnante, pero así es el multiverso. No hay limitaciones, y no existe tal cosa como "imposible" porque se trata de una teoría cuántica con principios que sugieren que es válida, aunque todavía no se ha demostrado.

Hay cuatro tipos posibles de multiversos que podrías experimentar.

1. El multiverso inflacionario
2. El multiverso acolchado
3. El multiverso cuántico
4. El multiverso brana

El multiverso inflacionario: ¿Se acuerda de la teoría del Big Bang? No, no el programa, la teoría real de que el nacimiento del universo fue el resultado de un Big Bang. Tras este fenómeno, todo el universo comenzó a inflarse como un globo o una burbuja. Los científicos afirman que, desde el Big Bang, el universo no ha dejado de expandirse hacia el exterior.

Si el multiverso inflacionario existe, cabe preguntarse si todos los universos están en proceso de expansión. Según la teoría, el multiverso es un campo de energía. Este campo es infinito y está en constante expansión, lleno de universos que también están en proceso de expansión. Para que esto sea posible, el campo de energía obviamente debe existir más allá de las limitaciones del espacio y el tiempo. Los científicos también sugieren que cada una de las burbujas o universos puede tener sus propias leyes físicas.

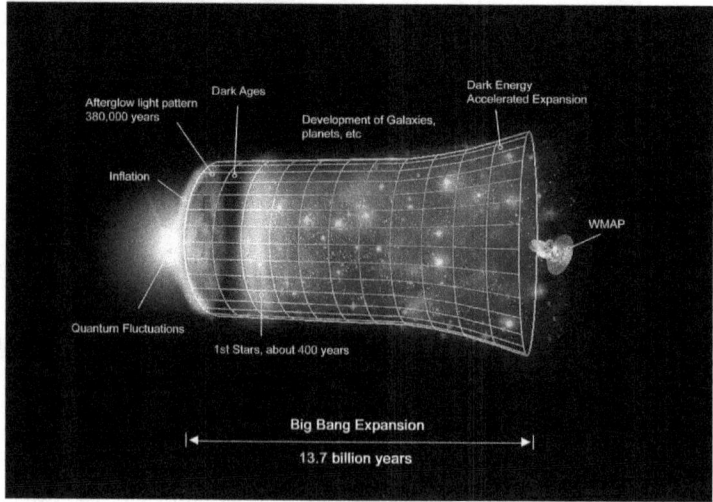

El multiverso

El multiverso acolchado: Este multiverso es en realidad un solo universo, pero infinito. La pregunta es, ¿cuál es el grado de su infinitud? Los científicos sugieren que si de alguna manera se desarrollaran los medios para explorar el infinito de este multiverso acolchado, se encontraría una galaxia con un planeta que tiene a alguien exactamente como usted en él, haciendo exactamente lo que usted está haciendo en este momento.

El espacio dentro del acolchado multiverso es tan infinito que puede albergar todo tipo de probabilidades, desde las más cercanas a su realidad hasta las enormemente disímiles. Antes de que se lo pregunte, sí, definitivamente hay un *Potterverso* y un universo de *Juego de Tronos* según esta visión del multiverso.

Si esto es cierto, ¿por qué (por ahora) le parece imposible abrirse camino fuera de su zona de existencia? El universo se expande en todas direcciones. Además, no hay nada que viaje más rápido que la luz. Aunque siempre viajara a la misma velocidad de la luz desde el principio de su existencia en su universo, nunca podría viajar fuera de su mundo.

El multiverso cuántico: El mundo cuántico, como ya sabe, es un mundo lleno de rarezas y extrañezas. Las leyes de la física clásica están tan sesgadas que hubo que desarrollar la física cuántica para explicar los extraños fenómenos que se observan en este nivel de existencia.

El multiverso cuántico

Ya conoce algunos de estos extraños sucesos, como el entrelazamiento cuántico, la superposición, el efecto observador, etc. Este es un multiverso que está altamente influenciado por sus observaciones, elecciones e intenciones.

El multiverso de la grúa: Conjure un libro tridimensional en su mente. Ahora, vea ese libro como si tuviera páginas bidimensionales. Según esta visión del multiverso, su universo es solo una de esas páginas de su libro imaginario.

El multiverso brana

Ahora imagine el mismo libro, pero esta vez en 10 dimensiones. Lo que ocurre realmente, según esta teoría, es que el universo existe en algo llamado brana o membrana. Este universo es una parte intrínseca de las 10 dimensiones de su libro imaginario.

¿Y las otras páginas de su libro? Bueno, esos son otros universos. Según esta teoría, es posible que haya agujeros negros dentro de las páginas que actúan como portales que pueden transportarle a otra página o universo. Algunos dicen que estos portales pueden transportarle a otro "libro" completamente distinto, con sus propias páginas infinitas de universos y agujeros negros.

¿Y los universos burbuja? Se trata de un modelo único. Su universo está realmente en un falso vacío, que es un estado de energía que no es estable. Es posible que bolsas de "verdadero" vacío, que tienen mucha menos energía, formen universos burbuja dentro de su mundo físico normal, donde las leyes de la física no se alinean con las leyes clásicas. Es posible que nunca se encuentre con estas burbujas de realidad, y mucho menos que se comunique con la vida que hay en ellas.

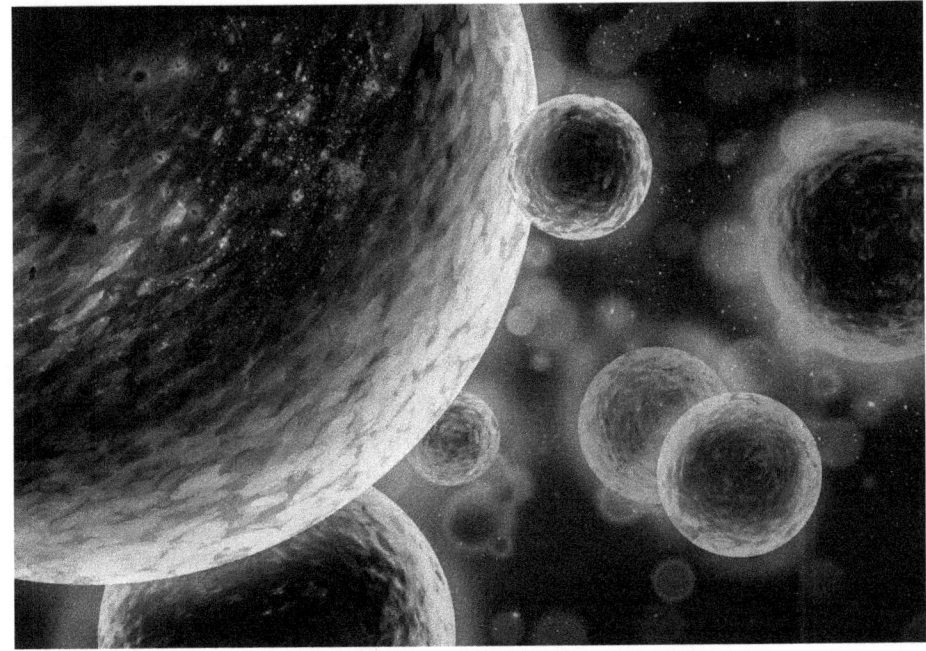

El universo burbuja

Teoría de cuerdas: Dimensiones adicionales

Según la teoría de cuerdas, es muy posible que existan otras dimensiones, aparte de las que ya conocemos, en el mundo tridimensional en el que vivimos. Esto implica otras dimensiones que tampoco se adhieren al tiempo tal y como usted lo conoce. La teoría de cuerdas propone que cada uno de estos universos tiene leyes físicas diferentes ligadas específicamente a la naturaleza de estas dimensiones desconocidas. Gracias a estas dimensiones adicionales, los científicos pueden resolver ciertas incoherencias que surgen en la física y también combinar la gravedad con otras fuerzas fundamentales de forma cohesiva.

Una cosa interesante de estas dimensiones extra, según la teoría de cuerdas, es que parecen estar enroscadas en escalas microscópicas infinitesimalmente más pequeñas que un átomo. Según los científicos, es este tamaño compacto el que explica por qué no se observan estas dimensiones extra en la vida cotidiana.

Estas dimensiones tampoco se enroscan al azar, sino que tienen tamaños y formas específicos. Puede tratarse de pequeños círculos o de formas complejas. La geometría sagrada forma parte de este tema, pero queda fuera del alcance de este libro. Sin embargo, es un tema en el que merece la pena sumergirse cuando se tenga tiempo.

Las dimensiones adicionales pueden establecerse en varias configuraciones. Cada configuración es única y corresponde a un universo especial con sus propias constantes y variables. El número de universos potenciales que se pueden encontrar en el paisaje de la teoría de cuerdas es astronómico e inimaginable. La teoría de cuerdas es el útero del que surge el multiverso.

Implicaciones del multiverso

¿Y si el multiverso es realmente real? ¿Cuáles son las implicaciones para la humanidad? ¿Cómo afectará eso a la forma de pensar sobre la realidad, la conciencia y el concepto de libre albedrío? El proceso de reflexionar sobre la idea del multiverso, por no hablar de aceptarla, abre una caja de Pandora de implicaciones y preguntas inimaginables.

Si todo el mundo, salvo los físicos cuánticos, se detuviera a reflexionar sobre ello durante más de 5 o 10 minutos al día, probablemente se paralizaría la economía. Como mínimo, obligaría a muchas personas a cuestionarse el sentido de su existencia en este planeta.

Una de las implicaciones más desafiantes e inmediatamente observables de la teoría del multiverso es que si el multiverso es algo real, sugeriría que muchas formas de vida diferentes aún no han sido descubiertas y probablemente nunca lo serán.

Parece que los extraterrestres existen. También sugeriría que no existe tal cosa como una historia fija, ya que cada acontecimiento cuántico conduce a innumerables oportunidades que se ramifican en nuevos universos. Durante demasiado tiempo, la gente ha visto el universo a través de lentes antropocéntricas. Pero, ¿y si en realidad existen realidades alternativas además de la que conocemos tan bien?

Pasemos ahora al tema de la conciencia. ¿Es la conciencia un fenómeno verdaderamente universal, o es algo localizado? Según las interpretaciones de los muchos mundos del multiverso y otras interpretaciones, hay un número infinito de copias de sí mismo en mundos paralelos. Todas tienen sus luchas y rasgos únicos.

Esto nos lleva a preguntarnos: ¿qué significa ser nosotros mismos frente a nuestros otros yo? Además, ¿es posible que, como se describe en los libros de la *Trilogía del alma superior* de Jane Roberts, exista una conciencia universal que subyace a todas estas versiones de usted mismo? ¿Y si usted no es toda la historia o la persona? ¿Y si solo es una parte de una versión más amplia y grandiosa de sí mismo, del mismo modo que una célula de su cuerpo no constituye todo su sistema biológico? ¿Se da cuenta de que esto complica aún más el problema de la conciencia?

Siguiendo con el párrafo anterior, hay que preguntarse si el libre albedrío es real o no. ¿Toda su vida está ya predeterminada? En ese caso, ¿qué sentido tiene hacer planes e intentar llevarlos a cabo? ¿O realmente tiene opciones? Piense en ello. Si resulta que su universo es solo uno de los innumerables universos que ya tienen resultados grabados en piedra, ¿existe realmente el libre albedrío?

¿Tiene usted realmente el poder de elegir? Algunas grandes mentes sugieren que si el multiverso es real, esto podría aumentar su libre albedrío en lugar de reducirlo. Sugieren que si hay múltiples versiones de sí mismo y todas están seleccionando diferentes caminos de la vida, eso solo puede darle aún más opciones a medida que aumenta su potencial, y tiene una gama más amplia de experiencias que, incluso si no las ha actualizado todavía, siguen siendo accesibles para usted en su forma potencial superposicionada.

Espiritualidad y ciencia: Salvando las distancias

El multiverso no es una creación de la física cuántica. La humanidad ha contemplado esta idea durante milenios. La ciencia no ha hecho más que empezar a demostrar la existencia de esta teoría del multiverso. Por ahora, todo en lo que puede confiar es en la evidencia subjetiva del multiverso que se le ofrece a través de la espiritualidad.

Existen innumerables historias de personas que han pasado con éxito de una realidad a otra y tienen pruebas subjetivas. Por desgracia, la ciencia es un campo que se burla de todo lo anecdótico. Esperemos que los científicos encuentren algo objetivo que demuestre que el multiverso es real. Por ahora, tendrá que conformarse con explorar cómo los antiguos filósofos, culturas y tradiciones veían la idea de muchos mundos.

Anaximandro fue un filósofo griego del siglo VI a. C. que consideró la idea de un "apeiron" infinito, del que surge todo lo existente. Es cierto que su pensamiento no se refería necesariamente al multiverso, pero sí confirmaba que podría haber alguna otra realidad que diera origen a esta física.

También existe la idea de lo uno y lo múltiple. Según la teoría de las formas de Platón, existe un mundo de formas que permanecen inmutables porque son perfectas. Las formas sirven como moldes o arquetipos a partir de los cuales se creó, y se sigue creando, el mundo tal y como lo conocemos. Se refirió a este mundo perfecto de formas como "el uno" y al mundo imperfecto, donde usted existe y percibe las creaciones del uno como "los muchos". Esta es otra idea de la antigua Grecia que sugiere que hay más de una realidad.

Diríjase a la India y estudie la cosmología védica. Analice los antiguos textos hindúes y los vedas, y se dará cuenta de que hay descripciones de universos de naturaleza cíclica. Según estos textos, estos universos se crean a sí mismos solo para disolverse y luego volver a crearse. Si lo piensa, esto casi refleja la idea de que existen innumerables universos con sus características únicas. Los hindúes creen que hay una realidad verdadera que subyace a toda la existencia. Esta realidad se conoce como unidad. Es el Brahman que da origen al mundo físico tal como lo conocemos. El mundo físico, según los hindúes, es el mundo de maya o de las ilusiones.

En el concepto chino de dao, existe un principio sin forma que abarca toda la existencia. Este principio es similar a la teoría del campo unificado de la física cuántica, donde todo existe en un estado de potencial, a la espera de un colapso de la forma de onda para convertirse en una cosa en lugar de seguir siendo todas las cosas. La filosofía tradicional china reconoce que, además del mundo físico, existen múltiples reinos, espirituales y de otro tipo.

¿Qué ocurre con las creencias indígenas y chamanistas? Quienes se adhieren a este modo de vida entienden que hay otros mundos además de este físico. De hecho, viajan a esos otros mundos mediante prácticas chamánicas. Algunas personas tienen experiencias extracorpóreas y sueños lúcidos en los que viajan a estos lugares místicos. Otros utilizan psicodélicos u otras sustancias para llegar allí.

Otros emplean distintas modalidades, como el canto, la danza, los cánticos y los tambores, para llegar a estos universos alternativos, y a menudo regresan con útiles conocimientos, revelaciones, orientación y mucho más para quienes necesitan esa ayuda.

Es importante incluir opiniones y experiencias chamánicas e indígenas en este libro porque, a pesar de todas las demás teorías postuladas, los chamanes y personas similares tienen pruebas reales de otros reinos, aunque sus experiencias sean subjetivas. Hay muchas historias de personas que han entrado en otros reinos a través de los sueños o de las modalidades antes mencionadas y han regresado con información crucial para salvar (o cambiar) sus vidas. Estos casos están bien documentados, por lo que resulta sorprendente que la sociedad científica siga despreciando tan descaradamente estos relatos hasta la fecha.

Solo hay una forma de demostrarse a sí mismo que la vida es más de lo que parece. ¿Cuál? Necesita tener su experiencia de estas dimensiones de la existencia llamadas subjetivas, inexistentes y aún no probadas. Podría hacerlo de muchas maneras, pero entre los métodos más seguros están los sueños lúcidos y las experiencias extracorpóreas.

Si no tiene ni idea de por dónde empezar, debería consultar la serie de Robert Monroe sobre la proyección astral, en la que comparte sus experiencias con gran detalle, ofreciéndole cierta perspectiva sobre lo que puede esperar cuando comience sus viajes. Lo maravilloso del trabajo de Monroe es que llevó a cabo sus experimentos e investigaciones de forma científica, así que por fin puede callar al cínico interior que lleva dentro y lanzarse a descubrir lo que hay más allá del velo.

Cuando por fin se pruebe a sí mismo que existen mundos más allá del que le es familiar, abrirá su mente a la idea de que, en efecto, existe una versión de usted que ya es exactamente la persona que le gustaría ser. También verá cómo puede llegar a ser lo que ellos son.

Recuerde, las múltiples versiones de usted mismo no son diferentes de las partículas enredadas del salto cuántico. Al centrar su atención en lo que espera lograr en la vida y verse a sí mismo como si ya lo hubiera hecho, reflejará la versión de sí mismo que ya ha alcanzado el éxito. Su vida no tendrá más remedio que reflejarle el trabajo interior o el cambio interior que ha logrado como resultado.

Conclusión

Al principio de este libro, se le prometió un montón de rarezas. Y debe admitir que cada página cumplió esa promesa. La física cuántica es la cosa más contraintuitiva que jamás encontrará, aparte de la espiritualidad, por supuesto. Cada fenómeno teórico de este campo de estudio es absolutamente alucinante y le obliga a detenerse y reflexionar sobre lo que cree saber acerca de su vida. Haga lo que haga, no deje que su exploración de la física cuántica termine con este libro. Cuanto más profundice en el tema, más experimentará cambios de paradigma que le beneficiarán de todas las formas que pueda imaginar.

Antes de pasar a leer otra cosa, debería tomarse un tiempo para reflexionar sobre lo que ha aprendido hasta ahora en estas páginas. Considere el hecho de que, durante todo este tiempo, puede haber asumido que no es más que un observador pasivo de su vida. Tal vez, como muchos otros, durante mucho tiempo pensó que no tenía control ni voz sobre cómo debían transcurrir sus días. Pensaba que tenía que comer cualquier cosa que le sirvieran en el plato, sin saber que podía permitirse un bufé entero si lo deseaba. Con sus nuevos conocimientos sobre el efecto observador, ya no tiene que ser testigo pasivo de su vida.

Ya no tiene por qué conformarse. Si quiere algo mejor para usted, puede ir a por ello porque ahora sabe que es un cocreador consciente con el universo. Ahora entiende que si el universo está predeterminado, al menos está predeterminado por su observación, intención y voluntad. Ahora entiende cómo observar constantemente lo mismo de siempre le da más de lo mismo de siempre. Ya no permitirá que la vida y sus múltiples vicisitudes le pisoteen. En lugar de eso, ocupará su lugar como una especie de dios y dictará cómo transcurre su vida.

Con su conocimiento de la superposición, se libera del clásico pensamiento en blanco y negro. Como resultado, se pone en un estado en el que puede experimentar cambios cuánticos. Según la física clásica, debe pasar de la primera marcha a la segunda, a la tercera y luego a la cuarta. Sin embargo, según la física cuántica, puede pasar simplemente de la primera a la enésima.

Demasiadas personas se ven frenadas en la vida por su pensamiento rígido, por su suposición de que todo debe suceder en una secuencia lógica, y de que es imposible que una cosa se desarrolle de otra manera que no sea la convencionalmente conocida y aceptada. Usted ya no pertenece a esta clase de personas. Ahora es libre. Reconoce que tiene acceso a un mundo de posibilidades infinitas, y aprovechará esa oportunidad para vivir una vida rica y plena por todo lo que vale.

Si se toma el tiempo de contemplar lo que ha aprendido en este libro, descubrirá que hay poder en centrar su atención en lo que desee. Aprenderá a no dejarse influir ni disuadir por la realidad física que parece contrastar con sus deseos.

Su confianza en su capacidad para conseguir lo que desea o incluso algo mejor vendrá del hecho de que ahora sabe que todo lo que tiene que hacer es mantener su intención segura y fuerte, y seguir actuando en consonancia con ella. Por encima de todo, reconocerá la naturaleza artificial e innecesaria de las divisiones que impiden que la gente se dé cuenta de que, al fin y al cabo, todo el mundo está hecho de "materia estelar", y todo el mundo es uno y el mismo, imbuido del poder del creador de todas las cosas.

Segunda Parte: Conciencia Superior

Despierta el poder interior, expande la conciencia espiritual y eleva la vida consciente

Introducción

Este libro te ayudará a establecer una conexión con la conciencia superior. Es una hoja de ruta repleta de valiosa información a la que volverás constantemente a medida que evoluciones en tu vida espiritual, porque descubrirás algo nuevo cada vez que lo leas.

Puede que lleves mucho tiempo sospechando que la vida es mucho más de lo que parece, *y estás en lo cierto*. En estas páginas encontrarás pruebas que confirman tus sospechas, y mucho más.

Con este libro, abrirás los ojos de par en par (incluido el tercer ojo) para descubrir la verdad sobre la existencia. También despertarás el poder que llevas dentro y transformarás tu vida en la que siempre has soñado.

Si eres un escéptico sobre cómo funciona la vida, los revolucionarios descubrimientos realizados en el campo de la física cuántica te convencerán. Todas tus dudas sobre la creación de la realidad quedarán completamente despejadas, y todo se encontrará en su justa perspectiva. Ya no descartarás la ley de la atracción y otras leyes del Universo como mera palabrería "woo-woo", especialmente cuando pongas en práctica lo que aprendas y veas los resultados por ti mismo.

A diferencia de otros libros, éste está escrito en un español sencillo. No te sentirás desconcertado por un lenguaje o terminología difícil de entender. Es uno de los libros más amenos sobre la conciencia y el despertar. Cada página está llena de poderosa información transformadora, escrita de una manera fácil de entender, que seguramente te hará cambiar.

Cargado con una generosa cantidad de instrucciones prácticas y métodos para ayudarte a alcanzar la iluminación espiritual, este es un libro que no puedes permitirte ignorar. Nunca te robarías deliberadamente la oportunidad de tu vida, y por eso no sólo leerás este libro, sino que aplicarás sus principios a todo lo que hagas.

¿Estás preparado para abrir las puertas de la sabiduría? ¿Crees que puedes manejar el verdadero poder? ¿Estás preparado para dejar atrás todo lo que te ha agobiado y abrazar un futuro lleno de alegría y satisfacción?

Todo lo que tienes que hacer es atravesar las puertas de la verdadera realidad, dejando atrás el mundo de las ilusiones para encontrar el poder que ha estado esperando dentro de ti todo este tiempo. Así que, tómate un momento para despedirte de tu viejo yo. Tu viaje hacia el descubrimiento de tu glorioso Yo Divino comienza con el primer capítulo.

Capítulo 1: ¿Qué es la conciencia superior?

Si te rodeas de gente que dedica su vida a practicar la espiritualidad el tiempo suficiente, oirás la frase "conciencia superior". Pero, ¿qué es? ¿Es un ser? ¿Es algo efímero? ¿Está en algún lugar ahí fuera, sobre el arco iris, o en las profundidades de tu alma? ¿Es algo que necesitas conseguir o algo que *ya tienes*? ¿Se trata de ser un genio y expresar niveles de creatividad sin parangón?

¿Qué es la conciencia superior?[29]

No importa cuántas preguntas revoloteen en tu mente, tus pensamientos serán mucho más claros al final de este libro. Este primer capítulo te introducirá en lo que es la conciencia superior. Te mostrará las diferentes maneras de alcanzar esta forma de conciencia y te explicará cómo la gente se conecta con ella, de modo que la próxima vez que oigas a tu amigo New Age o a algunos maestros espirituales decir "conciencia superior", no tengas ninguna duda de lo que quieren decir.

La conciencia y su conexión con la física cuántica

Cuando eres "consciente", estás atento. Si lo piensas, siempre eres consciente de algo. Eres consciente de que estás leyendo este libro. Eres consciente de la habitación en la que estás. Eres *consciente* de quién eres.

Así pues, una interpretación simplista de la conciencia es la conciencia de ser. Como el difunto, gran Neville Goddard dijo una vez:

«El centro mismo de la conciencia es el sentimiento de YO SOY. Puedo olvidar quién soy, dónde estoy, qué soy, pero no puedo olvidar que SOY. La conciencia de ser permanece, independientemente del grado de olvido de quién, dónde y qué soy».

Durante siglos, científicos, psicólogos, filósofos y espiritualistas han ido y venido sobre qué es la conciencia. La explicación de Neville es una de las más fáciles de entender. Si te golpeas la cabeza y pierdes la memoria, olvidando todo lo que has conocido, al menos sabrías que existes.

En esta situación imaginaria en la que lo has olvidado todo, probablemente te preguntarás: "¿Quién soy? ¿Dónde estoy?". Presta mucha atención a esas preguntas y te darás cuenta de que definitivamente sabes que lo eres. Experimentas el "Yo Soy" siendo consciente de que *lo eres*.

A lo largo de los años, muchos filósofos han dado su opinión sobre qué es la conciencia. El filósofo del siglo XVII René Descartes propuso una vez la siguiente teoría: Cogito, ergo sum, que significa "*Pienso, luego existo*". Lo que la sentencia de Descartes sugiere es que cualquiera que sea capaz de pensar tiene conciencia.

Pregúntale a un psicólogo y te dirá que la conciencia es un estado en el que eres consciente de lo que te rodea, de tus emociones, pensamientos y sentimientos. Estás a punto de percibir estas cosas y también de pensar en ellas. Es tu experiencia subjetiva de la vida tal y como la observas en tu mundo exterior e interior.

Sigmund Freud, el psicólogo que creó y desarrolló el psicoanálisis, creía que la mente consta de tres partes distintas: la consciente, la preconsciente y la inconsciente. Según Freud, tu mente consciente es todo aquello de lo que eres consciente. Tu mente preconsciente es la parte de ti con emociones y pensamientos que pueden volverse conscientes cuando haces una pausa y reflexionas. Por último, está la mente inconsciente, que contiene todos los recuerdos y deseos en los que no puedes pensar o a los que no puedes acceder conscientemente.

Si preguntas a un científico qué es la conciencia, te dirá que es un producto del cerebro. Desde una perspectiva científica, es imposible ser consciente sin un cerebro vivo y funcional en el que cada neurona haga su trabajo. Francis Crick y Christof Koch son dos brillantes neurocientíficos que afirman que las redes neuronales de ese asombroso órgano de tu cráneo son las responsables de darte la capacidad de saber que existes en el mundo que te rodea, y también de procesar tus experiencias internas. Sin embargo, los científicos aún no han descifrado el código de los mecanismos neurobiológicos que conducen a la conciencia. Sigue siendo un misterio, al menos según los científicos que no se adhieren a las ideas cuánticas ni a lo paranormal.

¿Y la física cuántica, también llamada *mecánica cuántica*? Esta forma de física se centra en la comprensión de fenómenos que sólo pueden observarse en las escalas más pequeñas. Se trata de cómo funcionan e interactúan las moléculas, los átomos y las partículas subatómicas. Si observas la vida a través de la lente cuántica, descubrirás todo tipo de cosas extrañas que no encajan con la física clásica.

Según la física clásica, cuando lanzas una pelota al aire, tiene que caer, ¿verdad? Seguramente lo habrás visto infinidad de veces. En la física cuántica, la pelota puede desaparecer, volver a aparecer, cambiar de color a una velocidad superior a la de la luz y, *probablemente,* aterrizar. Eso es porque hay más posibilidades además de que la pelota simplemente aterrice.

¿Qué relación hay entre la conciencia y la mecánica cuántica? Los expertos en este campo afirman que la conciencia es el resultado de una actividad que tiene lugar en el nivel cuántico. Existen múltiples teorías sobre la producción mecánica cuántica de la conciencia, denominadas colectivamente Teorías Cuánticas de la Mente. No has elegido este libro para aprender en detalle los entresijos de la mecánica cuántica, pero te ayudará conocer algunos de los puntos principales de este campo que están relacionados con la conciencia.

Colapso de la función de onda: En física cuántica, el universo es un océano lleno de infinitas posibilidades que suceden simultáneamente. Este concepto es la *función de onda*. En el mundo que conocemos, cuando lanzamos una moneda, sale cara o cruz. En el mundo cuántico, sale cara y cruz al mismo tiempo. Este estado se denomina superposición, pero en el momento en que miras la moneda, se produce un colapso de la función de onda que la obliga a salir cara o cruz.

Esto sugiere que tu conciencia o mente es la causa del colapso de la función de onda. Tu observación, parte de tu conciencia, hace que experimentes la vida como la experimentas. Si quieres experimentar otra cosa, tienes que desviar tu atención de la realidad actual a otra distinta de entre las infinitas posibilidades disponibles.

Mecánica cuántica del cerebro: Piensa en cada célula del cerebro como si formara parte de una orquesta. Cada neurona desempeña un papel diferente, pero trabaja junto con todas las demás para crear una hermosa pieza musical, que es, en este contexto, tu conciencia. Los físicos entienden que esta sinfonía es el resultado de procesos cuánticos.

Los expertos sugieren que los microtúbulos de las neuronas son la causa de la conciencia. Los microtúbulos de las neuronas están en una superposición, similar a la moneda que sale cara y cruz. Este es el concepto de dinámica cuántica del cerebro.

Enredo: Imagina que sostienes dos dados en una mano. Al lanzarlos, cada uno se detendrá en el número que obtenga, y ninguno está controlado ni influido por el otro. Sin embargo, en física cuántica, estos dados están entrelazados, lo que significa que no importa lo lejos que estén el uno del otro, el resultado que obtengas tras lanzar uno afectará inmediatamente al otro. Esta extraña magia cuántica se llama enredo. No es una mera teoría. Ya ha sido observada y confirmada por estos brillantes científicos cuánticos.

La conexión entre el concepto de enredo y la conciencia debería ser obvia. Cualquier cosa de la que seas consciente - cualesquiera que sean tus pensamientos y emociones - se refleja en tu realidad. Despiértate pensando que va a ser un mal día y verás cómo la vida se esfuerza por darte cosas de las que quejarte. El enredo sugiere que tu conciencia tiene una profunda conexión con la realidad tal y como la experimentas.

Conciencia superior

Si la conciencia es ver un árbol, la conciencia superior es ver el árbol, el bosque entero, y algo más. Es conciencia con esteroides. Es percibir cosas más allá de la capacidad de captación de la conciencia ordinaria. Esta forma de conciencia no consiste sólo en saber dónde estás, quién eres y cómo te sientes. Trasciende tu experiencia subjetiva de la vida y te conecta con algo más significativo o, como dirían algunos, con la conciencia divina o universal.

Cuando te conectas con la conciencia superior, te conectas con un estado de conciencia que está más allá de ti mismo. Es un estado más allá de tu ego limitado, por eso también se llama conciencia expandida. Algunos piensan que es una parte del cerebro a la que la gente tiene acceso de vez en cuando, y no por mucho tiempo cada vez. Podrías considerarlo lo opuesto a tus deseos e instintos primarios.

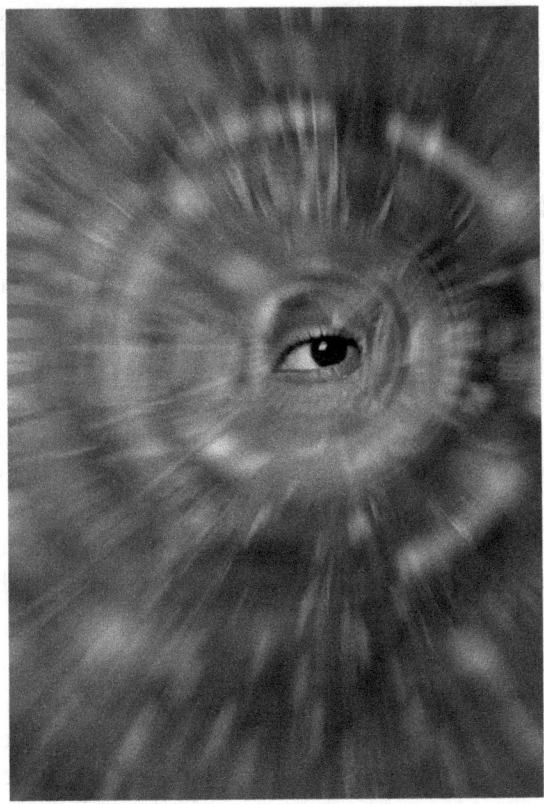

La conciencia superior es percibir cosas más allá de la capacidad de captación de tu conciencia ordinaria.[30]

La mayoría de la gente vive su vida en la conciencia inferior, también conocida como ego. El ego no es algo malo porque tiene su función. Después de todo, no hay forma de vivir en este mundo moderno sin él, pero el truco está en saber que no eres tú. Es un disfraz y, como todos los disfraces, puede cambiarse. Identificarte con tu ego significa que te cierras al mundo de posibilidades que tienes a tu disposición.

Tu ego es la suma de todo lo que crees que eres, tus suposiciones sobre ti mismo y los demás. Las personas más egocéntricas funcionan sólo desde el ego. Cuando entras en la conciencia superior, eres menos egoísta y más consciente de ti mismo. Tu corazón está lleno de compasión y empatía, y se siente natural ser amable. Cada decisión que tomas utilizando la conciencia superior está arraigada en el amor y no en el miedo.

¿Por qué importa la conciencia superior? ¿Para qué te sirve? Si tu desarrollo espiritual es importante para ti, entonces te serviría aprender más sobre la conciencia superior y cómo aprovecharla a diario. A primera vista, parece que no hay nada más importante que tener un trabajo, pagar el alquiler, estar al día de las noticias y las nuevas tecnologías, etc.

Alcanzar el éxito, tener un estatus elevado en la sociedad y aumentar el número de ceros en tu cuenta bancaria parecen cuestiones fundamentales en el mundo actual, pero a la mayoría de la gente se le escapa una verdad. Solo puedes alcanzar el éxito en todas sus formas si estás dispuesto a desarrollarte. El verdadero desarrollo personal empieza desde dentro. Empieza cuando tomas conciencia de tu yo espiritual.

La plenitud proviene de alimentar tu alma con todo lo que necesita para expresarse más plenamente a través de tu vida cada día. Todo en el mundo físico es el resultado de una acción espiritual. No puedes realizar suficientes acciones físicas para obtener la sensación de satisfacción que todo ser humano desea y busca instintivamente, a menos que aprendas a vivir desde la perspectiva de la conciencia superior. Haciendo esto, estás *"sintonizado, aprovechado y encendido",* como dice Abraham, canalizado por Esther Hicks.

Si últimamente te sientes insatisfecho con la vida, podría ser porque por fin estás despertando al hecho de que hay cosas más importantes que los ascensos, las posesiones, la fama y el estatus. Es posible que estés en la cima de la pirámide, codeándote con la crème de la crème, y aun así, si tu alma está hambrienta de una conexión con la divinidad, sentirte vacío.

Algunos piensan que una vez que alcanzan la conciencia superior, nunca ocurrirá nada malo, y que a partir de ese momento habrá mares tranquilos y cielos despejados en el esquema de las cosas. Al actuar en consecuencia, empiezas a recibir ideas inspiradoras que te llevan a donde necesitas ir. Tu percepción de ti mismo es más clara a medida que te vuelves más consciente de ti mismo y de la realidad de la vida.

Este aumento de la conciencia no tiene fin. No existe un destino final en el que te "retires" del trabajo espiritual y disfrutes de los beneficios indefinidamente. Hay un flujo y reflujo, momentos en los que estás más conectado que en otros.

Es como ser un jugador de fútbol profesional. Sabes pasar, chutar y regatear. No se puede negar que eres bueno en el campo, pero eso no significa que nunca cometas errores. A veces, haces un pase, pero un rival intercepta el balón. A veces intentas una entrada deslizante, pero fallas y acabas con tarjeta amarilla.

Del mismo modo, habrá momentos en los que te olvides de permanecer conectado a tu conciencia superior. Cuando esto sucede, retrocedes a ser quien eras antes de comenzar tu viaje espiritual consciente, viviendo desde la mentalidad del miedo y la limitación. Sin embargo, no tienes que tener miedo de esto, porque cuando caes, siempre puedes volver a levantarte y seguir adelante.

Métodos para alcanzar la conciencia superior

La humanidad ha utilizado diversos métodos para alcanzar la conciencia superior durante cientos de años. Monjes, chamanes y yoguis son algunos de los que siempre han sabido dejar a un lado su ego y conectarse con la infinita inteligencia de la mente superior.

Afortunadamente, no tendrás que recluirte en algún monasterio o región remota para acceder a la realidad espiritual de la vida. Los métodos utilizados para llegar a este estado de conciencia son accesibles aquí y ahora. A continuación te presentamos algunos de ellos.

Meditación y atención plena: La meditación consiste en centrar deliberadamente la atención en una cosa. Tu punto de atención puede ser un objeto como la llama de una vela o un punto en la pared. Tal vez prefieras concentrarte en tu respiración o contar una secuencia concreta de números. Puedes mantener tu atención en un mantra, una palabra o frase breve que conlleve la energía espiritual que experimentarás cuanto más te concentres en ella. Al centrarte en una sola cosa, te convertirás en un maestro a la hora de dirigir tu atención. Con la práctica, estarás más tranquilo y estable, independientemente de lo que estés experimentando en la vida.

Otra forma de meditación es la atención plena. Esta práctica consiste en tomar conciencia de ti mismo y de cada momento. Aprendes a ser consciente de lo que tu mente está tramando, fijándote en tus pensamientos sin juzgarlos. Prestas atención a lo que experimentas por dentro y por fuera a través de tus cinco sentidos. Notas cada deseo y sentimiento que surge en tu interior, sin juzgarlo ni identificarte con él. Si siempre estás ansioso por el futuro o arrepentido por el pasado, la atención plena te resultará útil porque te sitúa en el presente.

Contemplación: Cuando te tomas tiempo para pensar profundamente y reflexionar sobre algo, lo estás contemplando. Piensa en ello como una forma de meditación, salvo que esta vez te centras en una idea, una pregunta o incluso un verso de un texto espiritual sagrado. No hay límites para los temas que puedes contemplar. Podrías reflexionar profundamente sobre la naturaleza de la realidad, cómo sería la solución a un problema, el propósito de tu vida, la persona que has sido frente a la que te gustaría llegar a ser, etc.

Contemplar no es lo mismo que pensar en el sentido habitual. No tiene nada que ver con planificar el día o preocuparse por cómo será mañana. Todo lo que haces cuando contemplas es permitir que tu mente se asiente en esa pregunta o idea en la que quieres centrarte. Confías en que lo que necesites saber mientras contemplas esa cosa florecerá en tu mente. No se trata de intentar averiguarlo por tu cuenta. En lugar de eso, mantienes la mente abierta y te das espacio para permitir que surja dentro de ti información relacionada con el tema que estás contemplando.

Ayuno: Antes que nada, si decides tomar la ruta del ayuno hacia la conciencia superior, por favor consulta primero con tu profesional de la salud para asegurarte de que no hay nada de qué preocuparte. Ya sabes lo que dicen: *más vale prevenir que curar.*

El ayuno es una práctica espiritual que existe desde hace miles de años y que todavía se practica en todo el mundo. La mayoría de la gente en la sociedad occidental se apresura a condenar a cualquiera que practique el ayuno. Parte de ese razonamiento es el resultado del capitalismo, que ha vendido a la gente ideas como "el desayuno es la comida más importante del día", ¡sólo para que cierta empresa pueda vender tantas cajas de cereales como sea posible!

El ayuno consiste en no comer durante un tiempo determinado. También puedes abstenerte de beber (sería un *ayuno seco*). El ayuno puede ser de unas horas o de semanas. El ayuno purifica el cuerpo y la mente. En este estado de pureza, te resultará más fácil acceder a la conciencia superior y adquirir perspectivas que nunca tendrías si te dieras un festín como de costumbre.

Esta práctica te ayuda a disciplinar tu cuerpo y tu mente, recordándote que tú tienes el control de estas cosas y no al revés. La claridad y la paz interior que obtienes de un ayuno te ayudan a eliminar los bloqueos espirituales o energéticos que te impiden experimentar una conciencia más elevada en tu vida. El ayuno te pone en contacto con partes sutiles de ti mismo en las que no sueles pensar.

Cantos y Mantras: Cuando cantas, repites una palabra o frase específica, y esto te lleva al estado de conciencia superior. Cantar es una antigua práctica espiritual, y el hecho de que la gente siga haciéndolo hoy en día es un testimonio de lo eficaz que es para acceder a la conciencia superior. Puedes cantar en voz alta o en silencio en tu mente. Es similar a la meditación, con la diferencia de que el punto de atención es lo que se está cantando.

Los mantras son sonidos, palabras o frases que repites mientras meditas. Puedes pensar que es lo mismo que cantar, pero hay una pequeña diferencia. El canto es más amplio, ya que consiste en hablar o cantar repetidamente. Puedes cantar una palabra, una melodía o un tono.

Por otro lado, un mantra es un tipo específico de canto. Se utiliza en el budismo, el hinduismo y algunas otras tradiciones. Estos mantras suelen ser breves y tienen un profundo efecto espiritual cuando se utilizan. Todos los mantras se cantan, pero no todos los cantos son mantras. Independientemente de lo que elijas, estas herramientas te proporcionarán la conexión divina que buscas.

Yoga: Muchos suponen que el yoga sólo consiste en posturas físicas y en mantenerse en forma. Esta práctica existe desde hace miles de años y tiene sus orígenes en la antigua India. Además de las posturas, el yoga incluye técnicas de respiración y prácticas de meditación. Yoga viene de la palabra sánscrita yuj, que significa "unir o yugo". Esta práctica espiritual pretende lograr la unidad entre tu conciencia y la conciencia superior.

En el yoga, las posturas físicas se llaman asanas. Al practicar estas posturas, preparas tu cuerpo para la meditación. Al pasar de una postura a otra, la mente se aquieta. Te encuentras en el presente, que es el mejor estado para una meditación eficaz.

Al practicar estas posturas, preparas tu cuerpo para la meditación [81]

Las técnicas de respiración se llaman pranayama. Los yoguis siempre han creído que la conexión entre el cuerpo y la mente está en la respiración, y no se equivocan. La próxima vez que estés enfadado, respira más despacio. Hazlo larga y profundamente, y nota cómo se relaja tu mente.

Una vez que controlas tu respiración, controlas tu mente y el flujo de energía de tu cuerpo. Cuando tu cuerpo y tu mente estén en el estado perfecto para conectar con el mundo espiritual, puedes utilizar cualquiera de las técnicas del yoga, incluidas la meditación con mantras, la concentración y la atención plena. Este es otro camino hacia la conciencia superior.

Enteógenos: En las tradiciones chamánicas, las personas -generalmente los chamanes- utilizan enteógenos para conectarse con la conciencia superior. La palabra "enteógeno" procede del griego y significa "generar lo divino interior" o "generar a Dios interior". También llamados sacramentos, son sustancias que inducen un estado alterado de conciencia, lo que les permite a los chamanes o a las personas a las que guían conectarse con estados superiores de conciencia.

Para que quede claro, este libro no fomenta ni respalda el consumo de drogas. Si se trata de una experiencia que te gustaría vivir, lo mejor es que acudas con un profesional y que tu médico te confirme que es segura para ti.

Las culturas y tradiciones que utilizan enteógenos no lo hacen por diversión. Para ellos, estas sustancias son sagradas porque permiten experimentar directamente la divinidad. Estas sustancias rasgan el velo de la realidad física, permitiéndote experimentar la verdadera realidad, que es unidad, amor y luz.

Existen varios tipos de enteógenos, desde versiones sintetizadas como el LSD hasta naturales como las setas de psilocibina y el peyote. El cactus peyote ha sido utilizado con fines espirituales durante más de 2.000 años en Mesoamérica. Sigue siendo popular entre los indios huicholes de México. Estos sacramentos te dan una visión de la vida más amplia de lo que puedas imaginar.

Tienes razón al sospechar que hay cierta controversia en torno al uso de los sacramentos, ya que a algunos les preocupan los riesgos para la salud física y mental cuando se utilizan en cualquier otro contexto que no sea el tradicional o con la ayuda de guías experimentados. Por este motivo, muchas de estas sustancias están reguladas o prohibidas en la mayoría de los lugares. Independientemente del alarmismo, los enteógenos son innegables puertas de acceso a la conciencia superior.

Vida ética: Cuando eliges vivir de acuerdo con la ética y principios como la no violencia, la veracidad, la generosidad, la bondad, etc., consigues la pureza de mente que hace más fácil alcanzar la conciencia superior. Tienes un código moral y decides no actuar nunca fuera de él.

No tiene sentido meditar todos los días, a primera hora de la mañana, sólo para perjudicar a los demás siendo deshonesto y cruel o provocando deliberadamente a la gente. Hay una razón por la que muchas tradiciones espirituales animan a vivir éticamente además de otras prácticas para conectar con la divinidad.

Vivir según la ética requiere autoconciencia. La autoconciencia te hace más consciente de otros aspectos de ti mismo conectados con la Mente Superior. No es sólo que no le hagas daño a la gente, sino que aprovechas cada oportunidad que tienes para cultivar la positividad. Te preocupas por el bienestar de los demás y por el tuyo. Por eso el budismo propone los Cinco Preceptos Morales:

- Respeto a la vida
- Generosidad
- Relaciones responsables
- Comunicación sincera
- Atención plena

Cuando vives de acuerdo con esta ética, mantienes tu mente pura y reduces el ruido que ahoga la voz de tu espíritu interior. Tu conciencia se expande, ayudándote a alcanzar una conciencia más elevada. Si estás a punto de emprender una acción y no estás seguro de haber tomado la decisión correcta, piensa si esa elección se alinea con tus objetivos espirituales, y tendrás la respuesta.

Cómo la conciencia superior cambia tu vida

"Experimento la paz cada día, incluso cuando no debería.

Solía ser la persona más ansiosa que conocía. No puedo creer que una vez pensara que eso era algo de lo que estar orgulloso. Pensaba que eso significaba que pensaba en todo para que nunca me pillaran desprevenida. Con los años, esa ansiedad se convirtió en una carga tan pesada que no podía manejarla. Los ataques de pánico se convirtieron en algo normal para mí. Tenía la persistente sensación de que debía empezar a meditar, pero no tenía ni idea de cómo hacerlo. Después de hacer los deberes, empecé a meditar todos los días durante 10 minutos.

Los efectos de mi práctica diaria de la meditación empezaron sutilmente al principio. Sucedió algo en el trabajo y uno de mis compañeros señaló que les sorprendía que no me asustara como de costumbre. Después de ese día, empecé a prestarme más atención a mí misma. Me di cuenta del espacio que había entre mis desencadenantes y las reacciones que les seguían. Antes reaccionaba sin pensar. Ahora, gracias a mi conexión con la conciencia superior, soy más consciente de mis emociones. Puedo sentirlas sin dejar que me roben la paz, tanto si tengo un buen día como uno malo". -Jane

"Me enamoré de mí mismo.

Durante mucho tiempo, nunca me gusté. Por decirlo suavemente, odiaba lo que era. Hice un buen trabajo disimulándolo con una actitud segura, a veces hasta el punto de ser arrogante. Pero durante años me sentí avergonzado y culpable. Pensaba que así era la vida y que todo el mundo sentía lo mismo. Sólo tras una conversación con un amigo de confianza me di cuenta de que tenía un problema. Por muy pesada que fuera la carga que llevaba, era bueno saber que había otras formas de ser aparte de cómo había estado viviendo.

Empecé a ir a terapia, donde descubrí los traumas por los que había pasado y las creencias limitantes que tenía y que afectaban a todas las facetas de mi vida desde que era niño. Me di cuenta de que la persona que había sido todo este tiempo no era realmente quien era. Era una respuesta viva al trauma. Cuando empecé a hacer prácticas espirituales junto con mi terapia, fue cuando mi curación alcanzó nuevos niveles. Una de las experiencias más profundas para mí fue conectarme con la conciencia superior a través de la meditación y la contemplación. Tuve una increíble sesión en la que de repente me sentí abrumado por un sentimiento para el que no tenía una palabra. Si hay una palabra para 'el mayor amor de la historia', sería ésa, porque cuatro letras no describen lo que sentí aquel día.

Sentí que renacía. Me sentí despierto por primera vez en mi vida. Sentí un gran amor fluyendo por mi cuerpo, abrumando mi mente hasta el punto de hacerla inexistente y salir de mi ser. Si lo hubiera previsto, me habría tomado un momento para llorar a mi antiguo yo. El viejo Jared que me había llevado hasta ese punto había muerto ese día.

Más tarde supe que era la experiencia de la "muerte del ego". Era más que darme cuenta de que no tenía que ser la persona que siempre había sido. Más que eso, ya no podía relacionarme con mi antiguo yo. Ahora comprendo que tengo un único propósito en la vida, que es amarlo todo, a todos y, lo que es igual de importante, a mí mismo. No por nada que pueda ganar, sino porque sí". – Jared

Estos son solo dos relatos sobre cómo tu conexión con la conciencia superior puede transformar radicalmente tu vida para mejor. A continuación, encontrarás más formas en las que tu conexión con la Divinidad te afectará:

1. Tu energía se tranquiliza a medida que te liberas de la ira, la agresividad y el dolor. Esto te lleva a tener una mejor actitud ante tu vida.
2. Estarás más en contacto con tu intuición y aprenderás a seguirla sin cuestionarla.
3. Abandonarás malos hábitos y adquirirás otros nuevos y mejores. Puede que tengas nuevas aficiones o intereses y conozcas a gente nueva que encaje con tu energía. Puede que incluso cambies de profesión, prefiriendo algo más sencillo y menos exigente.

4. Reducirás tu materialismo. Esto ocurre porque reconoces que hay cosas más importantes en la vida que el dinero y las cosas.
5. Aceptarás la responsabilidad de tu vida, sabiendo que estás donde estás por ti y nada más. Ya no jugarás a echarte la culpa, ni siquiera a ti mismo. Rendir cuentas no significa culparse por las malas decisiones del pasado. Es saber que si te metiste en algo, puedes salir de ello. Es actuar.
6. Ya no esperarás que la gente y las cosas te hagan feliz porque, a medida que alcances la conciencia superior, reconocerás que la felicidad es un trabajo interno. También dejarás de definirte como un éxito o un fracaso basándote en lo que dice el mundo o en tus viejas creencias limitantes.
7. Experimentarás más milagros y eventos sincronizados. Todo en la vida es sincronicidad, pero cuando alcanzas la conciencia superior, esta sincronicidad se vuelve clara como el día. Reconocerás que estás en una danza interminable con la inteligencia infinita. Siempre lo has estado, pero no te diste cuenta hasta que despertaste.

La conciencia superior te permite hacer mucho por ti y por los demás. ¿Te sientes perdido y confuso? ¿Te gustaría recibir la orientación más fiable sobre cómo manejar una situación? ¿Hay algún problema que has estado intentando resolver y que ha resultado difícil de descifrar? ¿Necesitas curación física, emocional o mental? No importa con qué necesites ayuda, obtendrás tus respuestas una vez que conectes con una conciencia superior.

Sabrás que has alcanzado este estado alterado del ser cuando lo experimentes. No te quedará ninguna duda. Este es el mismo estado en el que entran los chamanes para trabajar en el mundo espiritual. La conciencia superior es el origen de la intuición, que es la enseñanza interior y el conocimiento que está más allá de lo que tu mente racional pueda inventar. Puedes experimentar esto en sueños lúcidos, donde estás despierto y consciente dentro de tu sueño, explorando los mundos interiores. Es lo mismo que la conciencia crística y la conciencia de Dios, un estado lleno de sabiduría, amor y comprensión. Es el Nirvana budista, donde te liberas de las ilusiones de este mundo físico.

La inmensidad del universo es incomprensible. Continúa expandiéndose hacia fuera y hacia dentro, hacia el infinito. Tú eres una parte intrincada del universo. No hay desconexión entre ustedes. Están enredados, como dicen los físicos cuánticos. Por tanto, si quieres saber más sobre ti mismo, debes aprender todo lo que puedas sobre el universo. ¿Por dónde empezar? Descúbrelo en el próximo capítulo.

Capítulo 2: El cosmos cuántico

"Como es arriba, es abajo. Como dentro, así fuera. Como el Universo, así el alma». - *Hermes Trismegisto, El Kybalion*

Ahora que tienes una sólida comprensión de lo que significa la conciencia superior y estás familiarizado con la mecánica cuántica, es hora de echar un vistazo al universo en sí. Hay mucho que reflexionar sobre el universo. ¿Cómo surgió exactamente? Si el Big Bang condujo a la creación del universo, ¿qué causó el Big Bang? Si algo o alguien causó el Big Bang, ¿quién o dónde está? Tienen que estar en alguna parte, lo que significaría que hay más de un universo, ¿verdad? ¿Empezó su universo también con un Big Bang? Si fue así, ¿qué o quién causó su versión del Big Bang? ¿Cuántos Big Bangs hubo? ¿Ha terminado la totalidad de la existencia de dar vueltas con el Big Bang, o sigue en ello?

Si el Big Bang condujo a la creación del universo, ¿qué causó el Big Bang?[88]

Todavía hay más interrogantes que debemos plantearnos. Si el mundo sigue expandiéndose, ¿qué sentido tiene todo esto? ¿Qué papel debemos desempeñar en este vasto cosmos? Quizá pienses que Dios tiene todas las respuestas, pero eso plantea una nueva serie de preguntas. ¿Quién es Dios? ¿Dónde está Dios? ¿Quién o qué es la fuente de la existencia? ¿Qué pasa con todas las deidades de las distintas culturas, tradiciones y religiones?

Dirige tu atención al espacio exterior y encontrarás aún más preguntas latentes en tu interior. Si el tiempo transcurre de forma diferente en un agujero negro, ¿cuál es la verdadera naturaleza del tiempo? ¿Es real? ¿Qué hace que la realidad sea real?

Si vas a hacerte preguntas sobre el tiempo, también puedes cuestionarte su contrapartida, el espacio. ¿Qué es el espacio? ¿Es real? ¿Qué significa que seas un fragmento del universo? Si cada parte del universo se refleja en tu ser, ¿significa eso que eres un universo? ¿Implicaría eso que todo el espacio entre las cosas no existe? Si eres un universo, ¿ocurren Big Bangs dentro del interior de tu interior, ad nauseam?

Este capítulo te ayudará a entenderlo todo sobre tu lugar en el universo. Desarrollarás una conciencia ampliada de la vida. Es esencial que termines este capítulo antes de pasar al siguiente, ya que es la clave para desbloquear una comprensión más profunda de los temas tratados en los capítulos siguientes.

El nacimiento del Universo

¿De dónde vino el universo? Muchas teorías intentan responder a esta pregunta, pero una de las más aceptadas en todo el mundo es la teoría del Big Bang. Esta teoría dice que el universo comenzó a partir de un átomo que existía antes del tiempo mismo y luego se expandió rápidamente en un cataclismo de proporciones cósmicas. Según los teóricos del Big Bang, el universo partió de un tamaño compacto. ¿Cuán compacto, te preguntarás? La respuesta es aproximadamente la billonésima parte del tamaño de un átomo.

La energía de este átomo primordial era más densa que cualquier cosa imaginable. Su densidad era tan grande que combinó el electromagnetismo, la gravedad y las fuerzas nucleares fuerte y débil, creando una sola. Con el tiempo, al enfriarse la materia tras el estallido, se formaron más partículas. Pasó más tiempo, y estas partículas se convirtieron en las estrellas y galaxias que conoces.

No puedes hablar del universo sin hablar de la materia y la energía oscuras. Estas dos cosas siguen siendo un misterio, pero no hay duda de que son responsables de la creación del cosmos. La materia oscura es un tipo diferente de materia. Nunca interactúa con la luz, lo que significa que no hay forma de verla. La única razón por la que se sabe que existe es por los efectos gravitatorios que tiene sobre las galaxias y los cúmulos de galaxias. Es como el pegamento Gorila a nivel cósmico, ya que esta materia oscura mantiene todas las galaxias juntas donde tienen que estar.

El Big Bang dejó tras de sí una sopa de partículas que siguen expandiéndose y enfriándose, todo gracias a la materia oscura.

Por otro lado, está *la energía oscura*. Este tipo concreto de energía se encuentra presente en todo el espacio y es la razón por la que el universo continúa expandiéndose a mayor velocidad. Lo intrigante de la energía y la materia oscuras es que constituyen el 95% del universo. El 5% restante es la materia normal que vemos todos los días. Eso debería hacer que te preguntes qué pasa con el otro 95%.

Hace al menos cinco mil millones de años, el ritmo de aceleración de la expansión del universo se aceleró. Tras muchas investigaciones, los científicos han llegado a la conclusión de que la causa de esta aceleración debe ser la energía oscura. Aunque todavía no saben cuál es la verdadera naturaleza de la energía oscura, sus efectos son innegables. Es una fuerza que aumenta el espacio entre las galaxias, lo que conduce a la expansión final del universo.

Existe un delicado equilibrio entre la materia oscura y la energía oscura. La materia oscura ayuda a mantener las cosas unidas gracias a la gravedad, mientras que la energía oscura las separa, lo que provoca la expansión del universo. Se podría decir que estos dos fenómenos son los artífices de la historia y el futuro del universo. Los científicos creen que cuanto más comprendan estas misteriosas fuerzas gemelas, mejor podrán saber hacia dónde se dirige el universo y cómo prepararse para ese destino.

¿Múltiples universos?

La teoría del multiverso sugiere que hay muchos otros universos además de éste. Es algo fenomenal sobre lo cual reflexionar, porque el universo en el que nos encontramos ya es inmenso. Está lleno de cientos de miles de millones de galaxias. ¿Cuántas estrellas hay en tu universo? Son incontables. Es aún más alucinante saber que las estrellas y galaxias existen a lo largo de decenas de miles de millones de años luz. En otras palabras, toma 9,4607, multiplícalo por 10 a la potencia de 12, y obtendrás casi 6.000.000 millones de millas.

Ahora multiplica esa cifra por decenas de miles de millones, y es inmediatamente evidente que un solo universo es mucho. Así que pensar que puede haber otros universos además de éste es asombroso y aterrador al mismo tiempo. Puede que haya muchas versiones de ti haciendo exactamente lo que estás haciendo, y muchas más siendo versiones de ti mismo que nunca podrías imaginar, haciendo cosas que nunca se te han pasado por la cabeza.

La teoría de los multiversos también sugiere que cada uno de estos universos podría tener leyes físicas completamente diferentes. También podría haber otras formas de vida con las que no estás familiarizado. Como tu cuerpo es un universo de células individuales, la vida podría ser un conjunto de universos, un multiverso. Se trata de una teoría que se debate en la filosofía y la física.

Una de las representaciones más destacadas del multiverso tiene su origen en la teoría de la inflación. Según esta teoría, se produjo un acontecimiento cuando el universo estaba en su infancia, el periodo más breve desde que empezó a existir. En este lapso infinitesimal de tiempo, el universo comenzó su rápida expansión, o inflación, hasta hacerse incomprensiblemente mayor que su tamaño antes de la inflación.

Los expertos afirman que el universo en el que te encuentras detuvo su inflación hace 14.000 millones de años, pero lo fascinante es que el hecho de que la inflación haya terminado con este universo no significa que haya terminado en todos los demás. Así que, ahora mismo, múltiples universos siguen experimentando inflación. Este universo es simplemente uno de los muchos universos que se pellizcan a partir de otros mucho mayores aún en proceso de expansión. El proceso es eterno, creando más y más universos singulares.

La teoría de que la vida se infla eternamente significa que cada universo debe tener sus leyes y sus partículas. Cada uno tiene fuerzas que respeta. Las constantes de cada universo también son diferentes de las de aquí en la Tierra, y por eso es casi imposible explicar la materia oscura con la física clásica normal.

¿Tiene alguna validez la idea de que existe un multiverso? Si lo piensas, es el hecho de que haya vida. Este universo ha sido especialmente orquestado para permitir que existan formas de vida inteligentes que puedan observar el cosmos. Parece como si alguna fuerza inteligente hubiera dispuesto las cosas deliberadamente para sustentar la vida.

Piensa en lo abundante que es el carbono. Piensa en la importancia de la luz para la fotosíntesis, que permite a las plantas crecer y sustentar a todos los demás seres vivos. ¿Qué tan conveniente es que una gran bola de luz esté en el cielo, ayudando a las plantas a crecer y prosperar? Todas estas cosas juntas no pueden ser una coincidencia. La existencia de la vida, tal y como la conocemos, sugiere la existencia de una inteligencia responsable de su creación.

Ciertas versiones de la teoría del multiverso sugieren que cada decisión que tomas provoca la creación de un nuevo universo. De ahí surge el concepto de realidades paralelas. ¿Empiezas a darte cuenta de lo amplia e intrincada que es la vida?

El papel de tu alma en el vasto cosmos

Si toda la vida continúa expandiéndose y hay muchas versiones de ti, la pregunta que hay que hacerse es: ¿cuál es tu propósito en la vida? ¿Qué papel se supone que debe desempeñar tu alma en este cosmos? Parecería que todo aquello carece de sentido si intentamos responder a esas preguntas a través de la lente del limitado paradigma humano, que asume que las cosas adquieren más valor si son escasas y viceversa. Desde luego, ésa es una forma de verlo.

Piensa en el hecho de que el todo es la suma de sus partes. Tú formas parte del universo, lo que significa que tienes un papel que desempeñar. Eres intrínsecamente relevante y de gran valor. Sin ti, el mundo no sería como es. Tu perspectiva y tu capacidad de observar el mundo forman parte intrínseca de la existencia de la vida. Lo finito y lo infinito pueden parecer separados, pero son uno.

Imagina que eres una gota del océano. Al principio, puedes pensar que eres irrelevante en comparación con esta enorme masa de agua. Desde tu limitada perspectiva, está claro por qué pensarías así. Ahora imagina que todas las demás gotas del océano piensan igual que tú. Cada una decide seguir su propio camino. ¿Qué quedaría del océano? Nada.

Al ser tú mismo, estás cumpliendo el único propósito de tu alma [33]

Tu alma tiene un papel que desempeñar. Esta verdad resuena en diversas culturas, tradiciones y creencias, demostrando lo esencial que eres para la vida. La luz de la creación brilla a través de tu estado de ser único, tus experiencias y las interpretaciones de dichas experiencias. Expresas el poder de la divinidad, ya sea que la veas como el omnisciente Dios abrahámico, el impersonal Brahman hinduista o aquello que conecta a uno y a todos como en el taoísmo. Independientemente de las etiquetas que utilices para expresar esta esencia divina, la cuestión es que existe, y simplemente siendo tú mismo aquí y ahora, estás llevando a cabo el único propósito de tu alma: reflejar y expresar la Fuente de toda vida.

Puede que la idea de múltiples universos no exista en todas las tradiciones espirituales, pero la reencarnación es un interesante paralelismo. La reencarnación consiste en que una conciencia o alma explora diferentes vidas en el mismo universo. Dado que la teoría del multiverso sugiere que hay más de un universo, tu alma puede experimentarse a sí misma en más de una realidad, afrontando retos únicos y objetivos diferentes en cada una de ellas. Eres una parte del todo, haciendo tu parte para la evolución de la conciencia.

Esta idea es sinónima de las creencias mantenidas en la tradición, similares al sufismo. Contienes la perfección de la fuente divina de todas las cosas, y tu vida misma es el proceso de revelación de esta perfección. Es la misma idea que la naturaleza de Buda, donde el objetivo es iluminarse, o en la comprensión hindú del Ser Verdadero, también llamado el Atman. Antes de la creación, todas las cosas eran una sola cosa. Para que esta única cosa se conociera plenamente a sí misma, tuvo que crear otra. Como resultado, la cosa única se ha convertido en lo que es y en lo que no es, que también forma parte de lo que es.

En pocas palabras, tú eres la Fuente de toda la vida, que se comprende a sí misma a través de tu perspectiva y experiencia de sí misma como "no-Fuente". ¿Cómo sabes lo que es el agua fría si nunca has tocado el agua caliente? ¿Cómo conoces el Norte si no existe el Sur? ¿Cómo sabes quién eres sin saber también quién no eres? Por lo tanto, el propósito último de tu alma es la gran revelación del Creador.

Si siempre te has preguntado dónde encajan Dios, las deidades y otros seres en el rompecabezas en constante expansión de la existencia, la respuesta ya debe haberte resultado evidente. Hay muchos nombres para describir esta fuerza única que creó y sigue creando todas las cosas. Muchas historias intentan captar la esencia de esta misma cosa, que es menos una cosa y más un ser capaz de encarnar la inteligencia infinita y toda la existencia. Independientemente de la religión o la tradición, todas intentan captar lo mismo: la historia del Creador del universo, aún en proceso de creación.

Como hay un Dios omnisciente, hay otros seres que son emanaciones de Dios, "menos que" el Creador en el sentido de que ellos también han sido creados. En la Cábala, se llaman las Sefirot, emanaciones de Ein Sof, el infinito Dios Incognoscible. Estas emanaciones son los diferentes aspectos de la divinidad responsables de guiar a la humanidad hacia la iluminación final.

Piensa en ellas como en los ángeles, guías y otros seres de los que se dice que guían la evolución espiritual de la humanidad y la ayudan a navegar por el laberinto de la vida en la Tierra con creciente gracia y sabiduría. Sea cual sea el nombre que le des, existe una Fuente única de la que surgen todas las deidades y otros seres divinos menores.

En todas las tradiciones espirituales, encontrarás guías, maestros y deidades que desempeñan papeles fundamentales y que ayudan al alma humana en su viaje hacia la iluminación, que es la unión con la Fuente de toda vida. Estos seres tienen suficiente experiencia, habiendo viajado mucho más lejos a lo largo de su evolución. Desde su estado evolucionado, se acercan a los viajeros que vienen detrás de ellos. Están aquí para decirles, como en el libro de Isaías, capítulo 30, versículo 21: "...*Este es el camino, andad por él...*".

Deidades, guías, maestros ascendidos, ángeles y otras entidades similares comparten el conocimiento que adquirieron en sus respectivos viajes, cuando estaban donde la humanidad se encuentra actualmente. Estos seres guían benévolamente a todo el mundo de vuelta a su verdadero yo. Han encarnado la conciencia superior en formas que la humanidad aún no ha alcanzado, por lo que su guía es un regalo útil.

En cuanto a la Fuente de la que proceden (y de la que procedes tú), carece de personalidad, no porque sea aburrida, sino porque ella misma contiene todas las personalidades al ser el espacio y el poder que hay detrás de la creación y evolución de las galaxias y de las formas de vida que cada una lleva consigo. Tanto si se trata de la idea de un creador como de deidades y otros seres, debes preguntarte por el efecto observador y sus implicaciones.

Según este principio de la física cuántica, al observar algo afectas a su comportamiento. Esto nos lleva a preguntarnos si la humanidad influye de algún modo en la existencia de estas deidades y seres. ¿La gente simplemente interpreta la energía sin forma y la conciencia a través de la lente de estas creencias tradicionales y espirituales, creando experiencias reales de estos seres y sus habilidades?

¿Las personas que se encuentran y conectan con estos seres, ya sea en la vida real, en sueños o en visiones, simplemente los invocan a través del poder de sus creencias? Además, cuando hay un número más que suficiente de personas que creen en lo mismo, eso debería bastar para crear todo un universo de seres espirituales, ¿no? Si el efecto observador es cierto -y lo es-, ¿significa eso que tú también eres un creador? No hay respuestas correctas o incorrectas. Simplemente, es interesante reflexionar sobre estas cuestiones.

Si has estudiado espiritismo, sabes que debe haber un mundo espiritual. Este mundo existe más allá de lo físico. Es un mundo donde cosas que considerarías imposibles son posibles. En este espacio, cabe esperar ver espíritus ancestrales, guías y otros seres sobre los que quizá nunca hayas leído, oído o pensado. La gente se conecta con estos seres por su cuenta o con la ayuda de auténticos psíquicos y médiums. Tú también has recibido mensajes del mundo espiritual si has notado la sincronicidad, esas coincidencias significativas que te obligan a hacer una pausa y estar aquí, ahora.

Con esta nueva perspectiva, tu interacción y conexión con tu Dios u otra deidad debería evolucionar. Ahora entiendes que no estabas destinado a cumplir la misión de tu alma en una burbuja. Existe todo un equipo que estaría encantado de ayudarte, al menos según el espiritismo y las creencias religiosas. Aunque te consideres ateo, es bueno saber que existe una fuerza neutra infinita a la que puedes recurrir para alcanzar tus objetivos. Lo llames fuerza de voluntad, concentración, determinación o atención, todo es la misma energía. Es una conciencia superior.

Tiempo, realidad, fractales

Cuando piensas en el tiempo, lo más probable es que lo consideres lineal. Piensa en el pasado, el presente y el futuro. La física cuántica no ve el tiempo de esa manera. En su lugar, el tiempo está interconectado. El pasado, el presente y el futuro no fluyen secuencialmente.

Si cierras los ojos e intentas reproducir los acontecimientos de ayer a las 16:00, estarías en ese momento ahora mismo. Si imaginas un futuro posible para mañana a las 17:00, estarías en una de las muchas realidades paralelas en las que eso es exactamente lo que ha ocurrido ahora mismo. Todo es aquí y ahora. No hay ni antes ni después. Sólo lo percibes así debido a la física de este mundo. A nivel cuántico, todo está ocurriendo ahora mismo.

Incluso las tradiciones espirituales tienen cosas interesantes que decir al respecto. Tu pasado, presente y futuro existen, tanto si los percibes ahora mismo como si no. Esta idea del tiempo es el principio en el que se basan los métodos de manifestación, como el uso de la imaginación para retroceder en el tiempo y cambiar lo sucedido de modo que coincida con el presente o el futuro que te gustaría experimentar.

¿Qué hace que la realidad sea real? De todo lo que ahora sabes, puedes deducir que existe una realidad última. También puedes deducir que existen formas subjetivas de realidad. Hay tantas realidades como personas. Incluso si hay alguien en la habitación contigo en este momento, ambos están experimentando dos versiones completamente diferentes de la realidad.

Esto se complica aún más si consideras lo que ocurre en tu mundo interior frente al suyo. Mientras tú estás sentado delante de un ordenador portátil tratando de encontrar las próximas palabras que escribir en un capítulo de tu gran novela, ellos pueden estar de vacaciones en algún lugar de las Islas Caimán, tomando un Mai Tai en su imaginación.

Algunos sugieren que cualquier realidad que no pueda ser observada por personas distintas de uno mismo no es real. Es una forma bastante reduccionista de concebir la realidad. Si quisiéramos seguir su argumento, ¿qué dirían de las personas que experimentan visiones y sueños compartidos? Algunos tienen una definición más generosa de la realidad, afirmando que si no puedes percibirla, no es real. Esta definición elimina la necesidad de que haya otros observadores en la sala.

Sin embargo, si esto fuera cierto, ¿qué pasaría, por ejemplo, con todas esas veces que te has quedado atrapado en un sueño de ansiedad? Cuando estás en medio de un sueño, el mundo que te rodea parece real, pero cuando despiertas, ya no tienes acceso a ese mundo. No puedes percibirlo a menos que vuelvas a la cama y lo retomes donde lo dejaste en ese sueño.

Así que, según los defensores de la segunda definición de realidad, tu mundo onírico pasó de ser real a irreal, y eso no es lógico.

La realidad tiene muchas capas. Está el mundo físico que captas con tus cinco sentidos, pero ése es sólo uno de los muchos reinos. El mundo físico es el producto de una realidad mucho más profunda hecha de conciencia pura. Es la fuente de todas las cosas y seres, así como de los acontecimientos que han sucedido, están sucediendo y sucederán. Esto resuena con el concepto espiritual de los registros Akáshicos, un almacén espiritual de todas las experiencias y tipos de conocimiento en existencias conocidas y desconocidas.

Las cosas se ponen aún más interesantes cuando consideras el lado de la física cuántica de las cosas, donde el efecto observador sugiere que la realidad es flexible. Si puedes moldearla para que se ajuste a tus preferencias y expectativas, del mismo modo que controlas lo que ocurre en un sueño lúcido, la cuestión es la siguiente: *¿Estás despierto, estás soñando, o todo es lo mismo y no importa?*

Se dice que cada persona es un fractal del universo. Un fractal es un patrón que se repite tanto en el conjunto de una cosa como en sus partes. Piensa, por ejemplo, en la secuencia de Fibonacci, que aparece en todo tipo de objetos, desde flores hasta edificios. Tu alma es un fractal de la fuente de todas las cosas.

El hecho de que todo en la vida sea fractal es lo que te permite encontrar analogías en la naturaleza para explicar tus experiencias vitales. Por eso, si desmenuzas los diferentes sistemas hasta su núcleo, ya sean religiosos, financieros, políticos, industriales o de otro tipo, podrás encontrar patrones similares que se repiten en términos de cómo funcionan estos sistemas y cómo se comportan aquellos que operan dentro de ellos.

Este sentimiento de ser un fractal del universo demuestra que no hay separación entre tú y todo lo demás en la vida. La red de la divinidad nos conecta a todos, seamos conscientes de ello o no. Esto no quiere decir que tus perspectivas y experiencias individuales no sean relevantes, sino que formas parte de un todo más grande.

Este capítulo tiene un propósito: abrir tu mente de par en par con respecto a estos conceptos y tener una sola perspectiva del tiempo, la que tú percibes. Como resultado, es casi imposible acceder a la conciencia superior y cambiar tu vida radicalmente. Te han enseñado que la realidad es fija y continúa implacablemente a través del tiempo, a menos y hasta que alguien con una gran visión cambie las cosas. Con este capítulo, ahora sabes a qué se refería Louise Hay con su cita: "*El punto de poder está en el presente*". No tienes que conformarte con las cosas cuando puedes hacerlas como las prefieras.

También te han enseñado a verte a ti mismo como algo separado de los demás. Una vez que cuestiones esta idea que te han transmitido durante toda tu vida, te darás cuenta de que parte de los bloqueos que experimentas en tus intentos de crear la vida que prefieres es esta idea de estar separado de todo y de todos los demás. Esta creencia es un muro que te aleja de lo que deberías recibir.

Piénsalo así. Si eres tú mismo y la persona que tiene algo que necesitas, ¿por qué no te darías lo que buscas? Ya lo tienes. Saber que eres uno y el mismo que otros que parecen diferentes es una de las claves para recibir tus deseos en el mundo físico. En el momento en que seas consciente de la verdad de que tú eres todo el mundo y, como dijo Neville Goddard, "*todo el mundo eres tú exteriorizado*", experimentarás milagros como nunca antes.

Ejercicio de visualización - Conectar con la energía del Universo

No te dejes intimidar por la palabra "visualización". Es lo mismo que imaginación. El siguiente es un ejercicio que te ayudará a ponerte en contacto con el sentimiento de conexión entre tú y el universo. Aprovecharás al máximo este ejercicio de visualización si lo haces en un lugar libre de distracciones.

Si vives con otras personas, pídeles que te permitan estar al menos 10 o 15 minutos sin interrupciones. Si llevas contigo algún dispositivo, es mejor que lo dejes fuera del espacio o lo apagues para no distraerte con notificaciones, alarmas o llamadas telefónicas. Asegúrate de llevar ropa cómoda que te permita respirar y moverte con libertad, y comprueba la temperatura de la habitación para que no sea incómoda.

1. Siéntate o acuéstate en una posición cómoda. Cierra los ojos.
2. Presta atención a tu respiración. Observa las inhalaciones y las exhalaciones. Con el tiempo, cada una de ellas se hará más profunda y larga. Cuando sientas una sensación de presencia o quietud en tu interior, estarás listo para el siguiente paso.
3. Imagina que estás flotando suavemente sobre lo que sea que estés descansando. Siente cómo sería que la gravedad te liberara mientras flotas cada vez más alto.
4. Imagínate flotando a través de tu techo hacia el cielo. Observa las nubes pasar a tu lado mientras subes más y más.
5. Ahora estás en el espacio, con un fondo oscuro y muchas estrellas centelleantes hasta donde alcanzan tus ojos imaginarios. Siente cómo el asombro invade tu corazón y tu alma al darte cuenta de que estás contemplando el universo.
6. Ahora, mira todo tu cuerpo, desde el pecho hasta los pies. Nota que tu cuerpo emite un suave resplandor que poco a poco va brillando con más intensidad. Siente cómo tu cuerpo, tu corazón y tu alma se funden con esta luz. Piensa que ahora tú también eres una estrella.
7. En tu forma de estrella, imagina que puedes ver hilos brillantes de energía en forma de luz, que te conectan con todas las estrellas y planetas que te rodean, así como con todas las formas de vida del universo.

8. Nota que la energía fluye de un lado a otro entre tú y todo lo demás. Estás conectado a todo ello.
9. Siente cómo se disuelve tu ego a medida que pierdes tu sentido del yo y te conviertes en uno con todo. Siente el poder, la paz, la conexión y la totalidad que te impregnan hasta el punto de convertirte en el todo.
10. Permanece en este estado todo el tiempo que desees o hasta que el temporizador te avise.
11. Cuando estés listo para volver, respira suave y conscientemente unas cuantas veces. Mueve los dedos de los pies y de las manos para volver a ser consciente de tu cuerpo. A continuación, después de contar lentamente de cinco a uno, abre los ojos.

Acabas de sentir el poder en bruto de la conexión que tienes con el Universo o, si lo prefieres, con la Fuente de la vida. Haz este ejercicio cada día y observa cómo tu mente y tu vida se transforman radicalmente para mejor.

Ahora que ya conoces la verdadera naturaleza de la realidad y del tiempo, cómo surgió el Universo, cuál es la misión de tu alma y qué tienen que ver Dios y los demás seres divinos en todo esto, es hora de que conozcas el vasto tesoro que llevas dentro en el siguiente capítulo.

Capítulo 3: Aprovecha tu poder interior

"Conocer a los demás es inteligencia; conocerte a ti mismo es verdadera sabiduría. Dominar a los demás es fuerza; dominarte a ti mismo es el verdadero poder". - Lao Tzu, Tao Te Ching

Durante mucho tiempo, la humanidad se ha preocupado por descubrir lo que hay en las profundidades del océano o en la inmensidad del espacio. Hay otro lugar importante que debe explorarse con la mayor profundidad posible, pero que a menudo se descuida. Este lugar es el vasto mundo que hay dentro de ti. Así que, en este capítulo, harás una inmersión profunda en tu interior y explorarás lugares que no sabías que existían.

"Conocerte a ti mismo es la verdadera sabiduría"[84]

¿De qué sirve ser un sabelotodo si lo sabes todo menos quién eres? ¿De qué sirve reunir toda esa información para luego desperdiciarla porque no la utilizas? Este capítulo será muy práctico, así que si quieres aprovecharlo al máximo, deja a un lado lo que estés haciendo y dedícale toda tu atención. De lo contrario, tal vez quieras elegir otro momento en el que puedas dedicarle toda tu atención y poner en práctica lo que aprenderás aquí.

¿Por qué debes "conocerte a ti mismo"?

¿Por qué deberías dedicar tiempo a conocerte a ti mismo? Si la historia de tu vida es sentirte perdido, confuso, desamparado y sin esperanza, conocer el poder que llevas dentro es el primer paso para liberarte de una vida llena de experiencias que no te llenan.

No hay una sola persona en el planeta que no sienta la llamada a explorarse a sí misma. Todo el mundo tiene una comprensión instintiva latente de que el verdadero poder reside en el interior, pero esto aterroriza a tantos que prefieren buscar sustitutos en lugar de lo real.

Así que observan cómo se comportan otras personas que encarnan su poder interior e intentan copiarlo. En lugar de adoptar ese estado, lo imitan. Algunos intentan compensar su falta de conciencia de este poder y de cómo ejercerlo persiguiendo el poder, el dinero y los placeres sensuales. Tarde o temprano, se dan cuenta de que esas cosas palidecen en comparación con los tesoros que llevan dentro. Si te sientes identificado con esto, alégrate de haber llegado a este libro, a este capítulo y a este preciso momento.

No puedes resolver los complejos problemas de la vida imitando a los demás sin la energía que alimenta su comportamiento y les da sus resultados. Tampoco encontrarás ninguna satisfacción en la búsqueda de validación externa. El verdadero poder proviene de un lugar de autenticidad, y no puedes ser auténtico si no sabes quién eres o para qué estás aquí.

Tienes que mirar deliberadamente en tu interior para conocer lo bello, lo feo y los puntos intermedios, aceptándolos como la perfección de tu ser. El conocimiento que tengas de ti mismo será tu brújula, guiándote hacia tu Verdadero Norte, hacia una vida plena que deje un impacto para mejor.

Si eliges imitar a los demás, procedes de un lugar de inautenticidad. Estás admitiendo que no tienes el poder dentro de ti. Te sentirás desconectado de tu vida y tendrás una profunda sensación de vacío que no te dejará escapar. Copiar a los demás significa ponerte máscaras, maquillaje y disfraces, que pueden resultar muy pesados y poco ajustados.

No te encarnaste en esta existencia para ser una réplica de otra persona en términos de autoexpresión y creatividad. Cada persona es un individuo. Debes encontrar lo que te hace verdaderamente tú y luego expresarlo. Si prefieres ser un imitador profesional, no sólo cedes tu poder a los demás, sino que también limitas tu potencial. Eso no es lo que quieres.

El verdadero poder procede de la autenticidad [85]

Quieres la claridad que da el conocimiento de tu poder interior. Cuando sabes cuáles son tus valores y dónde están tus pasiones, estas cosas son un faro que te llama hacia el siguiente paso de tu iluminación. Avanzas hacia tus sueños y objetivos con confianza porque sabes que llevas ese poder dentro. Tu autenticidad es innegable y atractiva para los que son como tú.

Los principios cuánticos y la toma de conciencia de ti mismo

Todas las cosas del mundo están interconectadas y tú formas parte de ellas. ¿Creerías que un grano de arena en tu mano contiene todo el plano de la existencia? Pues, por ilógico que parezca, lo tiene, y tú también. Como ya has aprendido, en el mundo cuántico las partículas existen en múltiples estados simultáneamente. Se afectan unas a otras independientemente de su distancia, y también se ven afectadas por un observador cuya presencia provoca un cambio en sus estados por el colapso de la función de onda.

A primera vista, puede parecer que nada de esto tiene que ver con tu viaje personal o con ser más consciente de ti mismo, pero no es así. Piensa en la superposición y en el infinito mar de posibilidades que tienes a tu disposición. Al igual que una partícula existe en más de un estado al mismo tiempo, tú también estás lleno de una miríada de posibilidades en tu interior.

Tienes a tu disposición una infinidad de opciones, cada una de las cuales es tuya. Por lo tanto, la clave para expresar una versión específica de ti mismo es dirigir tu atención hacia ella. Como observador de esta versión diferente de tu vida, provocas un colapso de la función de onda que te permite superar tus creencias limitantes sobre lo que es posible para ti y expresarte como este ser nuevo y más expansivo.

¿Qué hay del enredo cuántico y lo que dice de que todo está interconectado, por muy lejos que esté? Es una excelente metáfora de la conexión que compartes con el mundo que te rodea y con las personas que lo habitan. Reconoce que tú y todos los demás forman parte de un colectivo o un cuerpo. Si te cortas un dedo del pie con una piedra afilada, necesita curarse. ¿No vendarías la herida para curarla? ¿Dirías: "Mi dedo no soy yo, así que no es asunto mío"? Por supuesto que no.

Si tienes una necesidad o algo que quieres manifestar, y confías en otras personas para que tomen decisiones que te traerán los resultados deseados, esto es lo que tienes que entender: tú y esas personas están interconectados. Cuando confías en que ellos, como extensiones de ti mismo, satisfarán tu necesidad, ya está hecho. Aunque te cueste creerlo, tus interacciones con los demás reflejarán tus expectativas. Satisfarán tus necesidades o confirmarán tus dudas al no satisfacerlas. En esencia, recibes lo que observas y supones que es cierto sobre los demás.

Tus deseos reflejan tu auténtico yo. Representan quién eres. Si no has hecho el trabajo de averiguar lo que eres, lo que te hace vibrar, lo que hace cantar a tu corazón y lo que es una absoluta monotonía, entonces estás lleno de las ideas de los demás menos de las tuyas. Vives una vida dirigida por el mundo exterior a ti, arrastrado de un lado a otro, sacudido por las mareas y las corrientes del océano de la vida.

El problema es que el efecto observador siempre está en acción, lo que significa que si sigues prestando atención y energía a las cosas que no representan tus ideales o tu Yo Superior, obtendrás más de lo mismo. La vida de un creador inconsciente está llena de caos y agitación. No tienes por qué seguir sufriendo eso. Al aprender quién eres, desarrollas una mayor conciencia de tus pensamientos, creencias y sentimientos. La autoconciencia te da más control de tu poder interior, lo que te permite tomar el timón de tu vida y dirigir tu barco hacia donde quieres que vaya.

Energía, cuantos y poder interior

Es hora de hablar de los hilos que conectan la energía, los cuantos y tu poder interior para que tengas los conocimientos esenciales que te ayuden a conectar con una conciencia superior y a expresarla más en tu vida diaria.

El universo es un conjunto de diversos tipos de energía. "Cuantos" es una palabra que define los bloques de construcción que componen el universo. Son pequeños paquetes de energía, ondas y ondulaciones del océano universal de energías. Es fácil confundir los cuantos con la energía, que es un término más genérico, pero en realidad no son lo mismo. Los cuantos se refieren a paquetes diminutos de tipos específicos de energía, como la materia o la luz.

Ahora bien, ¿qué es lo que impulsa los sentimientos que tienes? ¿Cuál es la fuente de tus pensamientos y acciones? Es tu poder interior. Este poder es una expresión de la energía universal que se encuentra en todos y en todo lo que existe. Es la chispa de la divinidad de la que hablan las tradiciones espirituales y las religiones. Con esta comprensión de tu poder interior, la pregunta es, ¿cuál es la conexión entre los cuantos de energía y el poder dentro de ti?

Recuerda que la separación no existe. Que puedas ver espacio entre tú y otra persona no significa que no estén intrincadamente conectados. Compartes una conexión no sólo con otras personas, sino con formas de vida y con tu entorno, ya sea natural o creado por el hombre. Estás hecho de la misma energía que se expresa de muchas formas, *ya sea como una roca, un gato o una bombilla.* Se trata de un concepto de mecánica cuántica. Los expertos en la materia han demostrado una y otra vez que todo en el universo es no local. Este principio de no localidad implica que, independientemente de lo lejos que percibas algo o a alguien de ti, sigues estando conectado.

¿Cuál es la conexión entre esto y tu capacidad de trabajar con tu poder interior para manifestar tus deseos y desarrollar una conexión más consciente con la conciencia superior? Supongamos que tienes un aparato de radio de la vieja escuela. Si quieres escuchar una emisora de radio específica, tienes que girar el dial para que coincida con la frecuencia de esa emisora. De la misma manera, cuando alineas la energía dentro de ti para que coincida con la frecuencia de tu deseo y el almacén infinito de la energía universal, te bloqueas en la manifestación de tu deseo. Mantente en esa frecuencia, y pronto, más y más cosas en tu vida cambiarán para coincidir con ella.

Todo empieza por tomar conciencia de tus creencias, emociones y pensamientos. Muchos viven asumiendo que no tienen voz sobre lo que sienten o lo que piensan, agobiados por la mentira de que la mente está a cargo de ellos. No se dan cuenta de que la mente es una herramienta que pueden utilizar.

Imagina a un carpintero que dice: *"Yo no uso mi martillo. Me utiliza a mí".* A menos que lo que quieras que arreglen no sea tan grave, tengas los bolsillos lo suficientemente llenos y sientas curiosidad por saber qué han querido decir con esa absurda afirmación, no los contratarías.

Así que *utiliza tus herramientas.*

Tu capacidad de sentir, pensar y actuar son herramientas. Tu mente es una herramienta, no tu amo. Si lo dudas, la próxima vez que tengas un pensamiento negativo, ponlo en un estrado proverbial y acribíllalo a preguntas sobre su validez, presentando todas las pruebas que se te ocurran para demostrar que no es cierto. Te sorprenderá lo rápido que te desharás de ese pensamiento cuando hayas terminado.

Haz este ejercicio también con cualquier creencia que tengas desde hace tiempo. Si crees que te va a resultar un poco difícil refutarlas, recuerda qué es realmente una creencia: un pensamiento que llevas pensando el tiempo suficiente y con la frecuencia suficiente como para creer que es cierto porque resuena en ti. En otras palabras, lo has pensado el tiempo suficiente como para que tú, tu experiencia vital y el pensamiento coincidan energéticamente.

Para sintonizar tu dial con la frecuencia de tus deseos, selecciona deliberadamente pensamientos y sentimientos que coincidan con ellos. Puede que al principio no te parezca natural, pero si lo haces durante el tiempo suficiente, se convertirá en un hábito. A partir de entonces, actuarás en consonancia con esos nuevos sentimientos y pensamientos, y esto provocará cambios tangibles en tu vida que te animarán a seguir adelante.

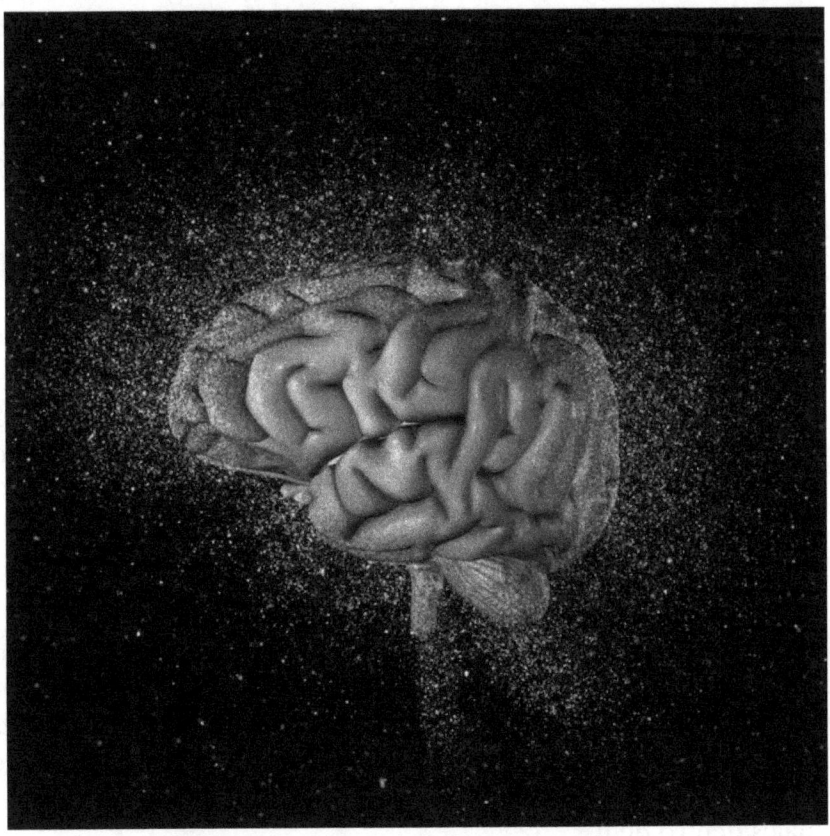

Tú controlas tu mente, no al revés [56]

A medida que evoluciones, serás más consciente de tus pensamientos, creencias y sentimientos. Concéntrate en tus deseos. Establece una intención clara y recuérdatela a ti mismo tan a menudo como puedas para que resuenes con ella. Con el tiempo, esta resonancia será obvia en tu experiencia diaria. Recuerda tu unidad con la energía universal en todo esto, y verás grandes resultados. Los siguientes son ejercicios prácticos que te ayudarán a conectarte con el infinito poder que llevas dentro.

Ejercicios prácticos para aprovechar tu poder interior

La Meditación de la Semilla de la Conciencia

1. Busca un lugar tranquilo y cómodo.
2. Siéntate erguido, con la espalda recta, alargando la columna como si tuvieras una cuerda conectada a la parte superior de la cabeza que tirara de ti hacia el cielo.
3. Empieza a respirar profundamente, tomándote tu tiempo al inhalar y exhalando hasta vaciar los pulmones. Mantén la atención en lo que sientes al respirar cuando entra y sale de tu cuerpo.
4. Mientras meditas, te vendrán pensamientos a la cabeza que te distraerán de la respiración. Esto es completamente natural. Reconócelos cuando surjan y no los juzgues ni te identifiques con ellos.
5. Una vez que reconozcas que te has distraído, agradece haberte dado cuenta y vuelve a centrar tu atención en la respiración. Hazlo tantas veces como te distraigas y nunca te castigues por ello.
6. Siéntate en silencio y consciente de tu respiración durante los 10 o 15 minutos siguientes.

Utiliza esta sencilla meditación como punto de partida para otras prácticas que requieran ir hacia tu interior. Tendrás resultados más poderosos de esta manera que si te lanzas a otras meditaciones avanzadas o ejercicios de visualización como el siguiente. Funciona porque es como cerrar la puerta al mundo físico para ser más consciente de los reinos espirituales dentro de ti.

Visualizar el mundo interior

1. Comienza con los ojos cerrados. Toma conciencia de tu respiración, como en el ejercicio anterior. Cuando te sientas presente y quieto, es el momento de visualizar.
2. En tu imaginación, imagina que caminas por un hermoso sendero hacia la entrada de un magnífico jardín. Nota cómo se sienten tus pies mientras caminas hacia el jardín.

3. Entra en el jardín y detente justo dentro de él. ¿Qué ves, oyes y hueles? Presta atención a cada una de esas cosas que captan tus sentidos y tómate tu tiempo para estudiarlas. Tal vez haya un arroyo murmurando suaves sonidos de agua que te tranquilizan, un pájaro de aspecto exquisito revoloteando por ahí o una flor encantadora que te atrae.
4. Ahora, adéntrate en el jardín. Explóralo y observa cómo te sientes al hacerlo. Este jardín es un reflejo de tu mundo interior. Fíjate en su aspecto, ya sea lúgubre y abandonado o floreciente y radiante.
5. Mientras lo explora, pregúntate qué necesitas cambiar en tu vida para desarrollarte espiritualmente y convertirte en la persona que te gustaría ser. Si aún no has recibido una respuesta, no te preocupes. La recibirás en otro momento, probablemente cuando estés en medio de algo mundano.
6. Si parece que tu jardín necesita un poco de amor, puedes tocar las plantas e imaginar que la luz fluye de tus palmas para sanarlas.
7. Dedica de 5 a 10 minutos a disfrutar de las vistas, los sonidos y los olores de tu jardín o a cuidar las partes que necesitan amor.

Encender una bola de energía

1. Después de entrar en estado de meditación, frótate las palmas de las manos enérgicamente durante unos segundos hasta que sientas calor y hormigueo en ellas.
2. Ahora, separa las manos poco a poco hasta que queden unos centímetros entre ellas.
3. Presta atención a lo que sientes entre ellas. Es una energía sutil.
4. Imagina que la energía que hay entre las palmas de las manos es como una bola de luz.
5. Juega con esta energía acercando las palmas y separándolas más que la primera vez. Siente cómo la bola de energía se hace más grande y menos sutil a medida que haces esto.
6. Ahora, imagina que al seguir juntando y separando las palmas, la energía se vuelve más intensa cada vez.
7. Imagina que cambias el color de la bola de energía y presta atención a las sensaciones que surgen al hacerlo.

8. Ahora, trae a tu mente la intención que deseas. Mantén la concentración en tu intención y observa si el color y la sensación energética de la bola cambian para reflejar tu deseo. Ten en cuenta que debes enfocarte en esta intención o deseo como si ya estuviera hecho, con un corazón de gratitud.
9. Mantén esta bola de energía entre tus manos durante unos minutos, empapándote de su energía y disfrutando de la sensación.
10. Cuando estés preparado, acércate la bola a la cara. Con una respiración profunda y prolongada, imagina que estás inhalando la bola de energía. Siéntala entrar por las fosas nasales, llenando el pecho y extendiendo su resplandor por el resto del cuerpo.
11. Ahora, ve cómo tu cuerpo brilla por dentro y por fuera con la luz de esta energía, cada vez más brillante.
12. Da las gracias. Puedes ser breve y dulce con un simple "gracias" o dedicar más tiempo a dar las gracias por todo lo relacionado con tu deseo ya cumplido.

Ver Auras

Un aura es la esencia energética de un ser, que muestra su estado mental actual o su "actitud energética" general. Puedes utilizar el aura para saber si a alguien le pasa algo y necesita ayuda o si quiere hacerte daño. Para este ejercicio, necesitarás una habitación no demasiado luminosa, pero tampoco mal iluminada. También necesitas a alguien que te ayude.

1. Primero, entra en estado de meditación.
2. Cuando te sientas centrado, abre los ojos y mira un objeto solitario en la habitación. Mantén tu mirada suave. No intentes penetrar en él. Si miras fijamente, forzarás la vista y no obtendrás ningún resultado.
3. Cuando lleves unos minutos mirando el objeto, desplaza lentamente tu atención hacia la persona cuya aura vas a ver. Utiliza tu visión periférica. Si la miras directamente, no podrás ver su aura.
4. Espera pacientemente. Al principio, lo que veas puede ser sólo sutil, pero con el tiempo y la práctica constante, verás su aura con facilidad.

Descubrir tu animal de poder

Tu animal de poder es uno de esos seres que te han sido asignados para ayudarte en la vida. De ellos puedes extraer sabiduría, guía, conocimiento, fuerza y poder. El siguiente es un gran ejercicio que te ayudará a saber quiénes son y a conectarte con ellos de aquí en adelante. Después de conocerlos, si necesitas su ayuda para algo, también puedes utilizar esta técnica para volver a visitarlos y hacerles tu petición. Funciona de la siguiente manera.

1. Una vez que hayas alcanzado tu estado centrado y meditativo, imagina que desciendes al núcleo de la Tierra, pasando junto a las raíces de los árboles y las rocas.
2. Imagina que sales de la Tierra y te encuentras con el paisaje natural más hermoso que jamás hayas visto.
3. Mientras estés aquí, pídele a tu animal de poder que se revele ante ti, y dale las gracias de antemano por responder a tu llamada. Espera pacientemente, con el corazón lleno de agradecimiento y emoción.
4. Cuando aparezcan, dales las gracias por revelarse y por ayudarte a navegar por los altibajos de tu vida. Pide una conexión más profunda con ellos y dales las gracias una vez más.
5. Cuando estés preparado, imagina que subes al cielo, te reencuentras con las rocas y las raíces de los árboles y vuelves a tu cuerpo, a tu habitación.

Estos ejercicios no son los únicos que puedes utilizar para conectarte con la conciencia superior y canalizar tu poder interior hacia donde desees. Hay muchos más si investigas. Además, supongamos que te sientes guiado intuitivamente a modificar estos ejercicios o a crear los tuyos propios. En ese caso, deberías confiar en esa corazonada y desarrollar tus ejercicios.

Obtendrás los mejores resultados si los practicas a diario, aunque sólo puedas dedicarles cinco minutos en cada ocasión. La constancia es la clave del éxito. Si no obtienes resultados inmediatos o no pasa nada en los primeros intentos, no significa que hayas fracasado. No te presiones con expectativas.

En lugar de eso, mantén la mente abierta y sigue practicando. Piensa en ellas como si fueras a lavarte los dientes: lo harás todos los días, te guste o no. Ahora que has aprendido a "ir por dentro", descubrirás cómo "ir por fuera".

Capítulo 4: Ir más allá para ampliar tu conciencia

"No importa lo que encuentres, ve más allá". - Nisargadatta Maharaj

Has aprendido a explorar los mundos que hay dentro de ti, pero aún hay más por explorar. ¿Sabes que puedes viajar desde tu cuerpo a mundos invisibles a tus ojos físicos? Algunos de estos mundos se asemejan mucho al mundo físico, mientras que otros son tan fantásticos que resulta difícil imaginarlos si nunca has estado en ellos.

La proyección astral y los viajes chamánicos no son lo mismo [87]

La gente confunde la proyección astral y los viajes chamánicos, pensando que son lo mismo cuando no lo son. La única similitud que comparten es que ambas son prácticas metafísicas destinadas a ponerte en contacto con mundos más allá del reino físico. En este capítulo, aprenderás cómo utilizarlos para la exploración espiritual y conectar con la conciencia superior a un nivel más profundo.

Viajes chamánicos

Durante muchos siglos, los chamanes han utilizado el viaje chamánico para explorar todos los reinos de la conciencia que no están al alcance de los sentidos físicos. En un viaje chamánico, puedes comunicarte con seres espirituales como tus animales de poder, guías espirituales y otras entidades.

En este viaje, te encuentras en un estado de conciencia en el que puedes recibir información de varios niveles de la realidad. A veces, mientras el chamán viaja, su cuerpo es habitado temporalmente por los espíritus de seres benévolos que imparten curación e información muy necesaria a aquellos que la necesitan.

Prepara tu estado mental antes de emprender un viaje. Necesitas tener una razón clara para querer visitar estos otros reinos, así que dedica tiempo a establecer tu intención para cada viaje. También es mejor practicarlo en un espacio donde te sientas seguro y protegido. Si sientes miedo, puedes atraer hacia ti entidades y energías de baja vibración, no deseadas, que interrumpirían tu sesión.

Hay varias técnicas chamánicas que podrías utilizar para entrar en un estado de trance que te permita ponerte en contacto con diferentes niveles de conciencia. Si tienes dificultades para realizar un viaje, puedes solicitar la ayuda de tus guías espirituales, animales de poder u otros seres en los que creas.

Beneficios de los viajes chamánicos

Aparte de lo interesante que resulta experimentar mundos distintos del propio, la práctica del viaje chamánico aporta numerosos beneficios.

Una de las formas más notables de recurrir a tu poder interior para curarte es mediante los viajes chamánicos. En tu viaje, te encontrarás con guías que conocen las artes de la curación y pueden diagnosticar los problemas precisos con los que estás luchando. Su experiencia, más allá del tiempo, se extiende por todos los reinos y sabrán qué recomendarte.

A veces, actuarán directamente sobre tu problema enviando energía curativa a cualquier parte de tu cuerpo que lo requiera. La curación que recibes de estos seres es tan profunda que también te limpia de cualquier energía negativa de baja vibración que haya provocado tu enfermedad.

Una advertencia. *Si tienes problemas de salud física, acude primero a tu médico o habla con un consejero o terapeuta si tienes problemas mentales.* Si todavía estás luchando para mejorar, entonces prueba el viaje chamánico. Todos los problemas del mundo físico tienen un origen espiritual. No hay mejor manera de abordar los problemas de salud que trabajando con la conciencia superior en conjunción con la ayuda convencional que recibes de médicos y terapeutas profesionales con licencia.

Tu nivel de estrés disminuirá: Hay algo en esta práctica metafísica que hace que quienes la practican se sientan relajados y tranquilos cuando regresan al mundo físico. Viajan a otros mundos llenos de paz y serenidad y se empapan de su energía. Cuando regresas de un viaje, el recuerdo de la inmensidad del cosmos hace que tus preocupaciones e inquietudes parezcan infinitesimalmente insignificantes. Cuanto más practiques el viaje chamánico, más fácil te resultará poner la vida en perspectiva.

Descubrirás quién eres realmente: Muchas personas hoy en día se convierten en lo que les han dicho que deberían ser en lugar de ser su verdadero yo. Esta es una de las muchas razones por las que la gente se siente miserable. Cuando realizas un viaje chamánico, te conocerás a ti mismo - sin todos los adornos y ornamentos que el mundo te ha puesto. Aprenderás mucho más sobre ti mismo de lo que jamás podrías concebir a través de la contemplación.

Algunas de las cosas que descubras podrían parecer inquietantes al principio, pero mantén la mente abierta. El autodescubrimiento siempre vale la pena. Una vez que conozcas mejor tu poder, no podrás volver a vivir una vida abrumada por las expectativas de los demás sobre cómo deberías comportarte. Sabrás lo que te conviene y lo que no, y no te inmutará ninguna presión externa para que seas algo distinto de lo que eres.

Resolverás los problemas más difíciles con los que has luchado toda tu vida: ¿Hay algún asunto en particular que te ha dejado perplejo durante mucho tiempo? Crees que has dado con la solución perfecta, sólo para descubrir que todo se viene abajo cuando la aplicas. Este fracaso se repite una y otra vez, hasta el punto de desilusionarle y hacerle desistir. Si te sientes identificado, deberías probar el viaje chamánico.

Con los viajes chamánicos, podrás ponerte en contacto con tus guías personales y pedirles que te digan dónde te estás equivocando. Te indicarán lo que te has estado perdiendo. Ellos te ayudarán a hacer el cambio de energía para lograr la manifestación de la solución a este problema de una manera natural.

Tu creatividad se disparará: En un viaje chamánico, hay mucho que explorar, no sólo con lo que sientes y experimentas con tus sentidos espirituales, sino también con tu interpretación de esas experiencias. La inmensidad de los reinos chamánicos y cómo se expresan es material más que suficiente del que sacar inspiración.

Independientemente de tu campo de trabajo, ya sea en las artes o en alguna otra industria no considerada típicamente creativa, encontrarás inspiradoras ideas que te ayudarán a prosperar. Todo lo que tienes que hacer es acercarte a tu guía y pedirle que comparta contigo lo que necesitas saber.

Los tres reinos

En las tradiciones chamánicas, el cosmos se divide en tres reinos distintos:

- El Reino Inferior
- El Reino Intermedio
- El Reino Superior

En algunas tradiciones, estos tres mundos se dividen en submundos, pero, en general, en tu viaje de trance chamánico sólo encontrarás tres caminos. Puedes viajar a estos mundos de forma independiente, pero lo más habitual es que lo hagas acompañado de tu guía espiritual o animal de poder.

En las tradiciones chamánicas, el cosmos se divide en tres reinos distintos [88]

El Reino Inferior: La mayor parte de la gente viaja al mundo inferior la primera vez que realiza un viaje chamánico. Para llegar allí, debes descender a la tierra utilizando el Árbol del Mundo, también llamado Axis Mundi. Este árbol espiritual te da acceso a los tres mundos. Viajas desplazándote a través de su tronco.

Para llegar al mundo inferior, debes atravesar un largo corredor o túnel, por el que entras a través de un agujero o abertura en la tierra. Puede ser un agujero hecho por un animal, la abertura de una cascada o una hendidura en la base del tronco de un árbol. También puede ser una escalera que te lleve hacia abajo. Sin embargo, la entrada a este mundo se presenta por sí misma, y entrarás en la tierra para llegar al mundo inferior.

El mundo inferior es el reino del poder transformador. En este mundo, tu ayudante tendrá la forma de un animal de poder. Sin embargo, otros ayudantes podrían tomar la forma del viento, los árboles y otros elementos de la naturaleza. También podrían ser tus antepasados. Aparecerán de una forma que resuene contigo.

Si deseas disfrutar de tus viajes chamánicos, desarrolla una relación con estos guías. Cuanto más tiempo y esfuerzo dediques a establecer una fuerte conexión entre ambos, más fácil te resultará explorar los reinos chamánicos y obtener de ellos lo que necesites.

El mundo inferior es donde irás si necesitas curación, transformación y poder en tu vida. El poder que recibas aquí te ayudará no sólo en tu trabajo, sino también en tu desarrollo espiritual. Este mundo es una representación de tu psiquis interior o mente subconsciente. Así que, en cierto sentido, no se trata realmente de "ir más allá" o "ir sin", sino de ir hacia dentro.

El Reino Intermedio: Este mundo intermedio refleja fielmente el mundo terrenal, pero tiene todo que ver con las dimensiones espirituales y el alma. Piensa que es como la tierra que conoces, pero con una capa de seres y estructuras espirituales. Es como descorrer el velo para ver más de lo que está presente en ti y que a menudo pasa desapercibido en el mundo físico. Aquí es donde descubres la naturaleza, las criaturas y las diferentes almas que componen la propia naturaleza, como las almas de los animales domésticos, el clima, los árboles, las montañas, la tierra, etc. Contiene el presente, el pasado y el futuro de la vida en la Tierra.

¿Hay algo concreto que te gustaría saber sobre algún acontecimiento? ¿Quieres recabar información sobre una zona concreta? En ese caso, debes viajar al Reino Intermedio. Desde aquí, puedes trabajar junto al alma de un lugar concreto de la Tierra o de la naturaleza. Todos los rituales que se practican en las distintas tradiciones espirituales y culturas implican extraer poder de este mundo.

El Reino Superior: Es el mundo que se encuentra por encima de la Tierra. Puedes acceder a él viajando al espacio y yendo más allá de las estrellas. Puedes distinguir entre el mundo superior y el intermedio por la diferencia de vibración, si eres lo bastante sensible para captarla. El mundo superior vibra a una frecuencia claramente diferente de la del inferior. Esta diferencia de vibración también se refleja en el tipo de ayuda que puedes esperar de cualquiera de estos mundos.

Por ejemplo, si quieres tener una perspectiva más elevada de tu vida y encontrar el espacio entre tú y una situación difícil que te ha abrumado, lo mejor es que acudas al mundo superior. Además, si quieres descubrir nuevas partes de ti mismo y formas de expresar tu creatividad, el mundo superior es donde debes estar.

Tienes dos opciones a la hora de viajar al Reino Superior. Puedes subir más y más hasta llegar al lugar más allá de las estrellas a través del Axis Mundi, o puedes descender a las profundidades del mundo inferior y continuar tu descenso hasta emerger en el propio mundo superior. Esto es posible porque estos tres reinos están interconectados entre sí. Es una ruta cíclica.

Cómo hacer un viaje chamánico

1. Prepárate buscando un lugar tranquilo, sin distracciones ni molestias. Debes sentirte seguro en este espacio.
2. Elige tu mundo. Aunque nada te impide visitar el Reino Inferior, ver los Reinos Intermedio y Superior puede ser más beneficioso. Si finalmente tus guías te llevan a visitar el Reino Inferior, puedes confiar en ellos para que te lleven allí.
3. Decide cuál es tu intención para este viaje chamánico. ¿Quieres sanación? ¿Buscas claridad en un asunto confuso? ¿Quieres simplemente conocer a tus guías? Sea lo que sea lo que quieres hacer, tenlo claro y fíjalo en tu mente.
4. Empieza a tocar el tambor. Si no tienes un tambor, puedes escuchar música de tambores chamánicos gratis en Internet. Si te distrae demasiado, puedes escuchar los latidos de tu corazón. De lo que se trata es de prestar atención a un sonido repetitivo

que sea lo suficientemente constante como para hacerte entrar en estado de trance.

5. Imagina un gran árbol ante ti. Este es el Axis Mundi que te conecta con los diferentes reinos. Encuentra la rendija en la base del árbol y entra en ella, recordando mantener tu destino firmemente en mente mientras caminas por el pasillo hacia el otro lado.

6. En el Reino Intermedio, explora el mundo que te rodea con tu intención en mente. También puedes tener la intención de que tu guía aparezca y te ofrezca lo que buscas o te conduzca a ello. No temas hacer preguntas, relacionarte con las entidades que encuentres y observar el mundo que te rodea.

7. Si tu intención es llegar al Reino Superior, busca el Axis Mundi y escala por él hasta que estés en las estrellas, y sigue avanzando hasta que estés más allá de ellas. Alternativamente, pídele a tu guía que te lleve hasta allí, y ambos volaréis hasta ese reino más allá de las estrellas.

8. Una vez en el Reino Superior, recuerda relacionarte con los guías, los seres y el mundo que te rodea con tu intención en mente.

9. Para regresar al mundo físico, vuelve sobre tus pasos. Cuando salgas del Axis Mundi, tu conciencia volverá a tu cuerpo en tu espacio seguro.

10. Tómate un tiempo para respirar profundamente, enraizándote en tu cuerpo al aumentar tu conciencia de él. Cuando te sientas plenamente presente, abre los ojos.

11. Escribe un diario sobre tus experiencias, las nuevas percepciones que has recibido y cualquier nueva pregunta que haya surgido y que puedas abordar en tu próximo viaje.

Proyección astral

La proyección astral también es conocida como viaje astral. Cuando realizas este tipo de viaje, estás teniendo una experiencia extracorpórea u OOBE. El viaje astral es un proceso metafísico de transporte de la conciencia fuera del cuerpo físico a otros planos de existencia. Algunos dicen que no estás trasladando tu conciencia de tu cuerpo físico a tu cuerpo astral, sino sólo cambiando a tu conciencia astral. No importa cómo lo describas, puedes proyectarte astralmente a través de la visualización, la meditación, los sueños lúcidos y mucho más.

Cuando te proyectas astralmente, experimentarás todo tipo de sensaciones desde el momento en que eres consciente de que estás despierto hasta el momento en que realmente abandonas tu cuerpo. La proyección astral cambiará por completo tu forma de ver el mundo. Cuando tu cuerpo astral se separe del físico, te darás cuenta de que la vida no tiene fin y de que no hay razón para temer a la muerte cuando llegue.

Algunas personas tienen la creencia errónea de que la proyección astral es peligrosa porque es posible que nunca puedas volver a tu cuerpo. Hay quienes dicen que alguna otra entidad podría poseer tu cuerpo mientras estás fuera, pero eso no es cierto. Tu cuerpo es tuyo y nadie tiene permiso para expulsarte de él. Además, uno de tus principales retos será permanecer fuera de tu cuerpo el mayor tiempo posible. Basta con pensar en tu cuerpo o sentir por él para volver al mundo físico, y hay un cordón de plata que te mantiene atado a tu cuerpo físico.

Si quieres tener éxito con esta práctica espiritual, es mejor que no hables de ella con escépticos hasta que la hayas realizado. Por muy estoico que seas o por muy fuerte que sea tu voluntad, el escepticismo podría ser contraproducente para que realices tu primer viaje al plano astral. El miedo y la duda son los dos obstáculos más molestos para proyectar con éxito tu conciencia desde el reino físico a otros planos, así que haz lo posible por evitarlos a toda costa.

He aquí algunos de los beneficios de la proyección astral:

1. Puedes encontrarte con guías espirituales que te ofrecerán información perspicaz sobre dónde te encuentras en la vida.
2. Puedes utilizar este reino para inspirarte en tus proyectos vitales. Por ejemplo, podrías conjurar pinturas, piezas musicales, ideas para la arquitectura, etc. Las posibilidades son infinitas.
3. En el reino astral, puedes representar cómo sería vivir como la persona que prefieres ser. Esto te dará una imagen clara de lo que significa haber manifestado tus sueños y hará más fácil y rápido que esas cosas se vuelvan físicas.
4. Una vez que practiques salir de tu cuerpo, te librarás del miedo a la muerte.

5. La proyección astral hace que te vuelvas más consciente de ti mismo, lo cual es excelente para el desarrollo espiritual.
6. Hablando de desarrollo espiritual, cuanto más te proyectes astralmente, más experimentarás anomalías en la vida que te mostrarán lo plástica que es la realidad, facilitándote crear lo que quieres en la vida.
7. Experimentarás sincronicidad y el despertar de varias habilidades psíquicas que desconoces o que no has podido utilizar en todo su potencial.

Cómo practicar la proyección astral

Prepara tu mente y tu cuerpo: Si quieres proyectar tu conciencia al plano astral con éxito, tienes que aprender a relajarte mientras te concentras simultáneamente en tu objetivo. Por lo tanto, debes estar en un ambiente seguro, tranquilo y libre de distracciones. Meditar antes de practicar la proyección astral te dará mejores resultados.

También debes liberarte de tus miedos. La proyección astral es una práctica que existe desde hace siglos y es perfectamente segura. No perderás el acceso a tu cuerpo porque siempre estarás atado a él por un cordón plateado, que podrás ver o no durante tus viajes.

Antes de empezar, asegúrate de estar en una posición cómoda. Siéntate en posición erguida o recuéstate. Si eliges recostarte, ten en cuenta que puedes quedarte dormido antes de abandonar con éxito tu cuerpo.

Si te resulta incómodo sentarte en posición erguida, puedes utilizar un sillón reclinable o apilar algunas almohadas detrás de la espalda para imitarlo. Asegúrate de que tu cuerpo está limpio y libre de drogas. Cualquier depresivo o estimulante podría interferir con tu objetivo y dificultar la salida de tu cuerpo, y eso incluye el café y los cigarrillos.

Cierra los ojos, respira correctamente y relájate: Debes hacer respiraciones diafragmáticas, lo que significa que el estómago debe elevarse con cada inhalación y los pulmones deben quedar completamente vacíos al exhalar. Al concentrarte en la respiración, te sentirás más relajado. Intenta inhalar por la nariz durante cuatro segundos, mantener la respiración durante siete segundos y exhalar por los labios ligeramente separados durante ocho segundos.

Espera las vibraciones: Mientras esperas, resiste el impulso de moverte. Tu mente te pondrá a prueba para ver si estás despierto porque estás en un estado tan relajado que es como si estuvieras dormido. Enviará señales a tu cuerpo para que te des la vuelta o te rasques alguna picazón. Si ignoras estas señales, tu mente asumirá que tu cuerpo está dormido, lo que te llevará a un estado de parálisis del sueño, cuya finalidad es evitar que lleves a cabo tus sueños.

En este estado, puedes empezar a notar que tu cuerpo vibra. Se siente como intensas corrientes de electricidad que fluyen a través de ti, pero no es doloroso. Si quieres, puedes controlar las vibraciones moviéndolas de un lado a otro. No te sorprendas si empiezas a notar sonidos como voces o risas. También puedes sentir como si hubiera otras presencias contigo en la habitación, pero no hay nada que temer. Pase lo que pase a tu alrededor, recuerda que estás a salvo. No tengas prisa por pasar al siguiente paso. Tómate tu tiempo para sentir las vibraciones.

Imagina una cuerda sobre tu cabeza: Mantén tu atención en esta cuerda colgante durante un rato. Luego, imagina que sacas tus manos astrales de tu cuerpo físico para agarrarte a la cuerda. Una vez que la cuerda esté firmemente en tus manos astrales, tira de ella para elevar tu cuerpo astral fuera del físico. Tendrás una breve sensación de estar en dos cuerpos a la vez, así que concéntrate en utilizar tus sentidos astrales en lugar de los físicos. Continúa tirando hasta que estés completamente fuera de tu cuerpo.

Ve a la sección más alejada de tu habitación: Desde aquí, puedes echar un vistazo a tu cuerpo mientras duermes en la cama. Hagas lo que hagas, no te excites ni te asustes, ya que estas emociones intensas pueden arrastrarte de vuelta a tu cuerpo.

Sal de tu habitación: Puedes usar la puerta si lo deseas, pero estar en tu cuerpo astral significa que puedes atravesar fácilmente materiales sólidos. Por lo tanto, si quieres atravesar paredes para llegar al exterior de tu casa, puedes hacerlo. Si quieres probar lo que se siente al volar, golpea suavemente el suelo con un pie para rebotar en el aire y luego desplazarte por el techo hasta el cielo. Sólo con tu mente, puedes impulsarte en cualquier dirección a la velocidad que quieras.

Explora tu barrio, ciudad, país y continente: Como estás en tu forma astral, no necesitas adherirte a la idea de tomar tiempo para moverte a través del espacio para llegar de un lugar a otro. Así, si estás en Ciudad del Cabo, Sudáfrica, y te gustaría estar en París, podrías llegar allí imaginando o visualizando la Torre Eiffel o cualquier otro punto de referencia parisino que conozcas. Incluso si no tienes ningún punto de referencia en mente, la intención de estar en París es suficiente para llegar allí al instante.

Ve más allá de la órbita terrestre: Nada te impide explorar más allá de la Tierra. Para sentirte realmente conectado con el universo, debes dirigirte al espacio exterior, hacia las estrellas y más allá de ellas. No necesitas saber qué hay más allá para llegar allí. Simplemente ten la intención de que es allí donde te gustaría ir. Verás que el plano astral es muy receptivo y se ve muy afectado por tus intenciones, emociones y expectativas.

Busca a tu Guía Espiritual y pídele lo que desees: De nuevo, todo lo que tienes que hacer es tener la intención de reunirte con él. En el plano astral, no tienes que comunicarte con palabras habladas. Puedes usar la telepatía y recibir bloques de pensamiento que contienen vasta información de tus guías.

Vuelve a tu cuerpo: Para ello, simplemente piensa en tu forma dormida en la cama o siéntela, y estarás allí. Antes de regresar, di firmemente y en voz alta que recordarás todo lo que has experimentado. Este es un paso crucial para descargar la información que has recibido en lugar de olvidarla una vez despierto.

Al fundirte con tu cuerpo, emite un sonido fuerte, como un rugido o un grito, que te ayude a conectar tus conciencias astral y física. De esta manera, es más probable que recuerdes todo lo que aprendiste en tu viaje.

Ahora que ya sabes cómo ir hacia dentro y hacia fuera, ¿qué es lo siguiente? Es lógico que te reúnas con tu Yo Superior, ¿no? Descubre cómo hacerlo en el próximo capítulo.

Capítulo 5: Conoce a tu Yo Superior

"A veces tu Ser Superior te guiará a cometer errores para que puedas aprender lecciones". - Gabrielle Bernstein

Es hora de conocer a tu Yo Superior. Una vez que lo hagas, tu vida se transformará radicalmente. Te preguntarás por qué no buscaste esto antes que ahora, pero más vale tarde que nunca, ¿verdad?

Déjate guiar

Tu Yo Superior

La idea del Yo Superior es familiar en muchas tradiciones espirituales. Algunos lo llaman el Yo Soy. Otros lo llaman el Yo Auténtico. Puedes llamarlo el yo divino, la mente, la conciencia crística, el yo de pleno potencial, el yo plenamente realizado, la conciencia universal, la conciencia cósmica, el alma o el yo. Sea cual sea el título que elijas, representa un aspecto más grandioso y grande de ti que el que encarnas actualmente o del que eres capaz de captar ahora mismo.

Como tu Yo Superior, expresas amor en su forma más verdadera. El amor que compartes contigo mismo y con los demás no tiene nada que ver con el ego. Se podría decir que tu Yo Superior es el amor mismo. Desde la perspectiva de tu yo divino, no ves ningún defecto en nada ni en nadie porque lo consideras todo divinamente perfecto. Este yo nunca juzga nada como malo y tampoco reconoce la separación. A través de estos ojos divinos, todas las cosas son emanaciones del Creador. Tu yo es un faro, una luz que te guía de vuelta a casa, a la unidad de la conciencia. Es sabiduría infinita, amor y luz.

Es posible encarnar tu Yo Superior en tu vida cotidiana. Recuerda el principio cuántico de superposición. Como las partículas existen en múltiples estados, puedes expresar tu yo egoico y contratarte simultáneamente para tener una vida más rica y gratificante. ¿Y el enredo? Por muy oscuras que parezcan las cosas o por mucho tiempo que haga que no piensas en el tema, tu Yo Superior siempre estará conectado a ti. Si no eres consciente de esa conexión, es sólo porque no te has esforzado en ser consciente de ella. Este enredo entre tú y la versión más grandiosa de tu ser se hará más evidente cuando te acerques deliberadamente a ella para conectar con ella.

Al dirigir tu atención hacia tu Yo Superior, activas el efecto observador para bien en tu vida. Haces que tu forma de ser cambie para mejor, para reflejar esta versión de ti mismo que es perfección y amor.

Beneficios de la conexión con tu Yo Superior

¿Cuáles son los beneficios de los que disfrutarás cuando te conectes con tu Yo Superior y vivas con su conciencia a diario?

Experimentarás un aumento de la claridad: Al conectarte con esta versión de ti mismo, ya no te sentirás abrumado por la confusión o la sensación de estar perdido.

Mejorará tu capacidad para centrarte en lo importante: Al mantener tu conciencia atada a la versión cósmica y espiritual de ti mismo, descubrirás que no tienes problemas para concentrarte en las cosas que más importan.

Incorporar tu Yo Superior te lleva a ser más consciente: La atención plena significa estar anclado en el presente. Ya no estarás atascado por lo que sucedió en el pasado o lo que pueda venir en el futuro. Desde esta perspectiva, comprenderás por fin lo que Jesucristo quiso decir en el libro de Mateo, capítulo 6, versículo 34: *"No os afanéis, pues, por el día de mañana; porque el día de mañana se afanará en sus propias cosas. Bástele al día su propia aflicción".*

Tendrás más respeto y compasión por ti mismo: Puesto que tu Yo Superior es incapaz de percibir nada como imperfecto o equivocado, tú también emularás esa cualidad. Esta compasión y respeto también se extenderán a los demás en tu vida. Aprenderás a valorar a todo el mundo, independientemente de dónde se encuentren o con qué estén luchando.

Tu salud mental y física mejorará: Conectarte con tu Yo Superior significa permitir que fluya a través de ti una mayor cantidad de la energía creativa natural que sustenta el mundo. Si sufres constantemente depresión y estrés, esta conexión te ayudará a sentirte mejor, además de la terapia, por supuesto.

Perspectivas culturales y espirituales del Yo Superior

Existen muchas interpretaciones del Yo Superior en las distintas culturas y tradiciones. En Occidente, el Yo Superior se refiere a ti como persona, pero en tu momento de mayor evolución espiritual. Expresas una sabiduría poco común y tu amor es puro e incondicional en comparación con la mayoría. Esta afirmación no es egoísta, y no hay competencia ni orgullo. Eres simplemente un ser que resuena con estas ideas. Según la percepción occidental de esta idea, el verdadero yo es quién eres cuando eres autoexpresivo y autodirigido. Como esta persona, no cedes a los deseos de las masas porque prefieres ser independiente.

Conectarte con tu Yo Superior significa deshacerte de las narrativas del ego sobre ti mismo [40]

En las culturas nativas americanas, la gente valora la interdependencia mutua y considera que esa forma de vida es superior a la hiperindependencia predominante que se celebra en los tiempos modernos. Por tanto, su perspectiva del Yo Superior implica comunidad. Se trata de honrar los hilos que conectan a unos y a otros en la vida. Por lo tanto, en estas culturas (y en las tribales), el Yo Superior es la suma de estas conexiones.

Las tradiciones espirituales de Oriente ven el Yo Superior como tu verdadera esencia. Eres tú sin limitaciones. Como Yo Superior, has superado los apegos egoicos. No está separado de ti, sino que es una parte clave de lo que eres que sigue conectada a la conciencia universal o inteligencia infinita. Para crecer más conectado a este yo, despréndete de todas las capas de cosas innecesarias que el ego ha amontonado sobre tu alma. En otras palabras, despréndete de todo lo que has asumido que eres porque te impide descubrir tu verdadera esencia.

Historias sobre la conexión con el Yo Superior

"A mi Yo Superior le encanta conectarse conmigo utilizando sincronicidades. A veces, también me habla con cartas del oráculo o del tarot. Recuerdo una vez que tenía un problema personal y lloré mucho por ello. De repente, empecé a ver números de ángeles que aparecían por

todas partes, y estoy muy seguro de que era mi Yo Superior tratando de consolarme. La primera vez que me encontré con ella durante la meditación, me quedé simplemente atónita por su hermosa energía.

Ella me ayuda cada vez que necesito hacer un trabajo con cristales eligiendo los correctos para mis necesidades. Una cosa que me dijo y que me he tomado muy a pecho es que no debería tomarme la vida demasiado en serio y que, en cambio, debería mirarlo todo con los ojos de un niño". - Fátima

"Recuerdo cuando empecé a meditar todos los días durante 10 minutos. Mi deseo de aprender más sobre mi vida espiritual me llevó a descubrir algunos vídeos en YouTube sobre cómo conectarme con mi Yo Superior. Uno de los vídeos, en particular, me llamó la atención. Probé el ejercicio que sugería y lo dejé así. Pasaron dos meses hasta que cuatro de mis yoes superiores se dieron a conocer por completo. Cuando establecimos contacto entre nosotros, la sensación fue intensa. Después de ese día, noté que captaba sus mensajes con más claridad que nunca". - Vincent

"Desde que me conecté con mi Yo Superior, he estado experimentando milagro tras milagro. Por lo general, estos milagros comienzan como una aparente devastación o algo por lo que desesperarse, pero las cosas cambian siempre para mejor. Mi Yo Superior me ha estado enseñando que no hay razón para entrar en pánico sólo porque algo malo parezca estar sucediendo. Me ha mostrado que si permanezco neutral o incluso positiva ante estas cosas, se transmutarán en una situación mejor que antes de que sucedieran esos acontecimientos. El amor que siento por el mundo y por mí mismo es tan profundo que a veces lloro, sobre todo en grandes multitudes. Lo más loco es que los demás lloran conmigo, como si me conocieran y se alegraran de volver a conectar conmigo. También experimento comunicación telepática". - Zach

¿Te sientes inspirado por estas historias? No hay ninguna razón por la que no puedas tener tus propias historias. Tómate tiempo para reflexionar sobre distintos momentos de tu vida en los que sentiste como si un poder superior interviniera o te ofreciera orientación. Por ejemplo, ¿hubo algún momento en el que sintieras algo muy fuerte y resultara ser correcto? Ese fue tu Yo Superior en acción. Si alguna vez has sentido una paz y una claridad intensas incluso cuando las cosas no funcionaban o parecían confusas, es porque tu Yo Superior te alimentaba con resiliencia.

¿Y tus sueños? ¿Hay alguno que destaque especialmente? ¿Recuerdas haberte encontrado con alguien que te pareciera un maestro o un guía? ¿Has tenido alguna visión que te revelara lo que tenías que hacer con respecto a una situación de tu vida? Estos mensajes también proceden de tu Yo Superior.

Tu Yo Superior puede usar sincronicidades de eventos y números para llamar tu atención.
Diseñado por freepik[41]

No descartes las sincronicidades. En el verdadero sentido de la palabra, no existen las coincidencias. Otra persona puede afirmar que sólo notas coincidencias, pero la sincronicidad es más que eso, ya que una cadena de acontecimientos se desarrolla de una manera que tiene un significado profundo para ti. Tu Yo Superior puede utilizar sincronicidades de eventos y números para llamar tu atención.

Meditación del Yo Superior

Esta excelente meditación te ayudará a conectarte con tu Yo Superior. Para realizar esta meditación, tendrás que ponerte en sintonía con tus chakras del tercer ojo y de la coronilla, que son centros de energía que permiten que la información y la energía fluyan dentro y fuera de tu cuerpo y espíritu. El chakra del tercer ojo se encuentra en la frente, ligeramente por encima y directamente entre ambas cejas, mientras que el chakra de la coronilla está en la parte superior de la cabeza, en el centro. Aquí tienes las instrucciones para esta meditación.

1. Realiza tu meditación básica hasta alcanzar un estado mental sereno.
2. Conéctate a tierra imaginando raíces que salen de la base de tu columna vertebral y descienden hasta las profundidades de la tierra. Siente la estabilidad y el apoyo que te ofrecen estas raíces.
3. Lleva tu atención al chakra del tercer ojo. Imagina una luz índigo pulsando en esta zona. Mírala hacerse más brillante cada vez que inhales y, al exhalar, imagina que la luz se extiende por todo tu cuerpo. Dedica unos minutos a hacer esto.
4. Ahora dirige tu atención al chakra de la coronilla. Imagina una luz blanca o violeta radiante pulsando en esta zona. Con cada inhalación, deja que la luz se haga más brillante. Con cada respiración, deja que la luz inunde tu cuerpo por dentro y por fuera.
5. Imagina un haz de luz blanca que parte de tu chakra del tercer ojo, asciende por el chakra de la coronilla y se dirige hacia el cielo, hacia el universo. Esta es la luz que te conecta con tu yo superior. Siente su energía fluyendo a través de ti, llena de amor, sabiduría y guía. Siente esta energía fluir a través de tu chakra corona y tu chakra del tercer ojo e irradiar a través de tu cuerpo. Quédate aquí todo el tiempo que quieras.
6. Cuando hayas terminado, imagina que el haz de luz del cielo se retrae suavemente hacia tu chakra de la tierra y desaparece. Observa cómo la luz de ambos chakras se atenúa lentamente y vuelve a su estado normal. Luego de unas cuantas respiraciones profundas más para enraizarte en tu cuerpo, puedes abrir los ojos lentamente.

Si quieres conectarte con tu Yo Superior a través del viaje chamánico o la proyección astral, puedes hacerlo. Todo lo que necesitas hacer es tener clara tu intención antes de comenzar esas prácticas, y cuando estés en ese estado alterado o reino diferente, solicita su presencia.

5 consejos para conectarte con tu Yo Superior

1. Pasa menos tiempo mirando pantallas y más en la naturaleza o meditando.
2. Lleva un diario para ser más consciente de ti mismo y registrar las distintas formas en que tu Yo Superior se ha manifestado en tu vida.
3. Dedica tiempo a contemplar el propósito de tu alma. Si ya lo has resuelto, contempla las distintas formas en que podrías seguir persiguiéndolo.
4. Decide confiar en tu intuición sin hacer preguntas. Cuanto más confíes en ella en lugar de apoyarte únicamente en tu lógica, más precisa se volverá con el tiempo.
5. Sé constante en todas tus prácticas espirituales. Tendrás muchos más resultados si las haces todos los días que si las haces una vez cada dos semanas o meses.

Ahora que sabes todo lo que hay que saber sobre tu Yo Superior, es el momento de descubrir cómo puedes trabajar con los guías espirituales.

Capítulo 6: El trabajo con los guías espirituales

"Tus Guías Espirituales y Ángeles nunca te defraudarán a medida que construyas una relación con ellos. Al final, puede que sean los únicos que no te defrauden".

– Linda Deir

Los guías espirituales son entidades divinas asignadas para guiarte y protegerte a lo largo de tu vida. No llegaste solo al planeta. Sabes que tienes todo un equipo que te apoya y cuida de ti. Ellos harían mucho más por ti si tan sólo los reconocieras y les pidieras ayuda porque ellos respetan el libre albedrío y no actuarán a menos que se les pida.

Los guías espirituales pueden aparecer en forma de animales, entre otras muchas formas [42]

Tus guías espirituales actúan como protectores, manteniéndote a salvo de situaciones peligrosas. Son los mejores mentores para guiarte en las distintas cuestiones de la vida, desde los negocios y las finanzas hasta la salud y las relaciones, etc. Esto se debe a que tienen una fuerte conexión con la inteligencia infinita y pueden ofrecerte sabiduría divina cuando se lo pidas.

No hay límite en las formas que pueden adoptar los guías espirituales para interactuar contigo. Todo depende de cuáles sean tus prejuicios y creencias espirituales, así como de las experiencias que hayas tenido. A veces, pueden aparecer como animales. Otras veces, pueden ser tus ángeles, antepasados o seres de otras dimensiones.

Debería reconfortarte saber que siempre tienes un equipo espiritual a tu disposición para ayudarte a permanecer consciente de la conciencia superior y conectado con tu Yo Superior. Tus guías espirituales son benévolos. Para ellos, nada de lo que les pidas es demasiado.

¿Dónde están exactamente estos guías? Estos seres moran en reinos que no son físicos. Operan a través de la energía y la vibración que está en la misma frecuencia que el mundo espiritual, lo que significa que si deseas experimentarlos más plenamente y conectarte con ellos a diario, debes hacer crecer tus músculos espirituales. Tu práctica diaria con la meditación, la contemplación y otras prácticas espirituales te ayudarán a llegar al punto en el que puedas conectarte fácilmente con tus guías espirituales siempre que lo desees sin tener que entrar en un estado meditativo.

Los guías espirituales desempeñan un papel esencial, actuando como puente entre lo físico y lo espiritual. Si te esfuerzas por progresar en tu viaje espiritual pidiéndoles ayuda, te sorprenderá lo lejos que llegarás. Te ayudarán a descubrir los bloqueos en tu vida que te impiden acceder al crecimiento espiritual y los disolverán en tu nombre, con tu consentimiento.

En otras palabras, no tienes que conformarte con preguntarles lo que necesitas cambiar de ti mismo. También puedes pedirles la energía y la voluntad para poner en práctica sus sugerencias, e inexplicablemente abandonarás hábitos que siempre te había costado dejar, adoptando otros nuevos que sirvan a tu bien más elevado. Tus guías espirituales pueden ayudarte a descubrir tu poder interior y ofrecerte información y conocimientos que no son accesibles a la persona corriente ni pueden obtenerse por medios normales.

Si has decidido conscientemente que te gustaría trabajar con ellos, entonces debes construir una actitud de confianza y entrega. Durante demasiado tiempo, la gente ha trabajado bajo la noción equivocada de que deben recorrer el viaje de la vida por su cuenta, y esto hace las cosas innecesariamente más difíciles. Trabajar con tus guías espirituales significa abandonar esta idea. Libera tu necesidad de tener el control. Pasa al asiento del copiloto y deja que tus guías tomen el volante. Para obtener mejores resultados, no seas un conductor de asiento trasero.

Si necesitas ayuda para desarrollar tu intuición o mejorar tus habilidades psíquicas, tus guías te ayudarán. Te ayudarán a ser más sensible a las energías sutiles que te rodean cada día, y eso puede ser muy útil para desenvolverte en tu vida diaria con los demás. Así que no tengas miedo de pedirles ayuda y prepárate para niveles de conciencia como nada que hayas experimentado.

Tipos de guías espirituales

Guías animales: Estos guías también son conocidos como espíritus animales o animales de poder. Cada uno tiene un conjunto único de atributos dependiendo del animal que sea, ya que los distintos animales simbolizan diferentes cosas. Por ejemplo, un águila puede representar la visión, un oso la introspección y la fuerza, y una mariposa el crecimiento y la transformación. En lugar de confiar sólo en interpretaciones genéricas de lo que significa cada animal, consulta tu intuición. ¿Qué representa este animal para ti? Así aprovecharás al máximo tu conexión con él.

Los antepasados: Los antepasados son los espíritus de las personas unidas a ti por la sangre. La sabiduría y la orientación que te ofrecen proceden de las experiencias colectivas de sus vidas. Tus antepasados están familiarizados con los retos a los que te enfrentas y con los que tu linaje, en particular, ha luchado.

Tus antepasados pueden ser personas que conociste en el pasado o que fallecieron antes de que tú nacieras y tuvieras la oportunidad de interactuar con ellos. En la mayoría de los casos, se preocupan por tus intereses, pero si decides interactuar con ellos, debes especificar que sólo quieres interactuar con aquellos antepasados que realmente se preocupan por tu bien más elevado. ¿Por qué es necesario? Bueno, imagina tener a Ted Bundy como antepasado. Exacto.

Maestros Ascendidos: Se trata de seres muy evolucionados que han alcanzado la iluminación, han experimentado múltiples vidas y han aprendido mucho de sus viajes. Jesús, Quan Yin y Buda son sólo algunos de los Maestros Ascendidos más populares. No sólo han tenido experiencia viviendo en la Tierra, sino que también han evolucionado en otras dimensiones espirituales. Han alcanzado la unidad con la conciencia superior, pero eligen ofrecer ayuda y guía a todos aquellos que los invocan.

Ángeles: Los ángeles son seres celestiales cuyo trabajo es guiarte por el camino correcto y mantenerte a salvo. Existen varios tipos de ángeles, pero los más populares son los arcángeles. Estos son los ángeles que tienen cualidades específicas por las que son conocidos. Por ejemplo, se suele invocar al Arcángel Miguel cuando se necesita protección o fuerza. Si quieres ser más creativo y comunicarte mejor, entonces el Arcángel Gabriel es el mejor ser al que invocar. Puedes acudir a estos seres o hacer que se comuniquen contigo a través de tus sueños, visiones e intuición.

Los ángeles también son guías espirituales[48]

Espíritus de la Naturaleza: Estos espíritus son los responsables del mundo natural. Tienen una profunda conexión con todo lo relacionado con la naturaleza y trabajan duro para garantizar que toda la vida se mantenga en perfecto equilibrio ecológico. Son los espíritus de los elementos como el fuego, el agua, el aire y la tierra, así como de las plantas, las rocas, las montañas, etc.

Ésta no es en absoluto una lista exhaustiva de los distintos tipos de guías disponibles para ayudarte. Si necesitas más información sobre quiénes son tus guías, siempre puedes preguntarles y ellos te dirán todo lo que necesitas saber.

Cómo conectar con tus guías espirituales

Existen múltiples formas de conectarte con tus guías espirituales. Si nunca has tenido ninguna experiencia sobrenatural que sugiera que existen, no tienes por qué esperar a que ellos te contacten primero. Puedes ser tú quien inicie el contacto. Estas son las distintas formas de establecer una relación con tus guías.

Utilizar la meditación: Ya sabes lo básico sobre cómo meditar. Por lo tanto, si deseas utilizar la meditación como herramienta para conectarte con tu guía espiritual, establece una intención antes de comenzar el proceso. No te desanimes si no ocurre nada después del primer intento. Continúa tu práctica de meditación con tu intención al frente y en el centro de tu mente, y tarde o temprano, ellos se darán a conocer de la mejor manera y en el mejor momento.

A través de sueños y visiones: Los sueños son una excelente forma de establecer contacto con tus guías espirituales. Para algunos, ver manifestaciones físicas de fenómenos espirituales es un poco demasiado aterrador. Tus sueños son el escenario perfecto para un encuentro entre tú y tus guías espirituales. Esto se debe a que, por regla general, ya esperas que ocurran cosas extrañas en los sueños. Así que no te asustarás demasiado si ciertos seres se te acercan en sueños y te hacen saber que son tus guías.

¿Quieres conectarte con tus guías a través de los sueños? En ese caso, debes establecer la intención antes de acostarte cada noche y también llevar un diario a tu lado. En cuanto despiertes de tu sueño, escribe lo que hayan compartido contigo para que no lo olvides y puedas reflexionar sobre el mensaje más tarde.

Si eres clarividente o tienes alguna actividad con el chakra del tercer ojo, también puedes experimentar visiones. Piensa que estas visiones son similares a los sueños, excepto que tienen lugar durante tu estado de vigilia. Pueden ser tan breves como un destello rápido o tan largas como tus guías necesiten para transmitirte su mensaje.

Señales y sincronicidades: Tus guías espirituales te enviarán señales específicas, que podrían ser en forma de acontecimientos notables o fenómenos inusuales a tu alrededor, para hacerte saber que algo más está pasando o que ellos están presentes. Las señales pueden ser patrones de sucesos que se repiten, una corazonada o un empujón intuitivo. La ciencia también puede venir en forma de piel de gallina, vibraciones en el cuerpo y una repentina sensación de "saber" la verdad.

En cuanto a las coincidencias o sincronicidades significativas, son excelentes instrumentos para ayudarte a estar alerta ante el mundo espiritual y la presencia de tus guías. Recuerda que, cuando se trata de sucesos sincrónicos, su importancia o significado reside en su significado, no en la causa y el efecto. La sincronicidad puede manifestarse en forma de números angélicos que ves a tu alrededor. Podrías estar pensando en tu cuñado y, de repente, recibir una llamada suya.

Puede que tengas que tomar una decisión importante y te sientas confuso sobre si actuar o no. Entonces, de repente, tropiezas con un libro olvidado en un banco, con una frase resaltada en su página abierta que trata exactamente de lo que necesitas saber.

Cada vez que recibas estas señales y sincronicidades, haz una pausa y reconócelas. Agradece a tus guías que hayan llegado hasta ti y pídeles que se comuniquen contigo de forma aún más clara si te sientes perdido y confuso acerca de lo que significan.

Para mantener el flujo de información entre tú y tus guías espirituales a través de señales y sincronicidades, debes escribir un diario. Además, acostúmbrate a meditar cada vez que notes estas señales, especialmente si tienes tiempo y dispones de intimidad. Fija la intención de que estos mensajes sean cada vez más claros, y dejarás de cuestionarte lo que intentan decirte.

Escritura automática y canalización: Tus guías pueden comunicarse contigo a través de la escritura automática, que es una práctica en la que entras en un estado meditativo y luego, preparado con tu bolígrafo y papel o procesador de textos, escribes lo que fluye a través de ti sin ningún pensamiento. La canalización es lo mismo que la escritura automática, con la diferencia de que expresas los mensajes de tus guías en lugar de escribirlos. Algunos de los canalizadores más famosos conocidos por la comunidad espiritual son Esther Hicks, Darryl Anka y Jane Roberts.

Si quieres practicar la escritura automática, prepara primero tus herramientas de escritura. A continuación, establece tu intención de comunicarte con tus guías espirituales. Luego, empieza a meditar, concentrándote en tu intención. Cuando te sientas quieto y centrado, puedes empezar a escribir. Resiste la tentación de intentar comprender lo que fluye de ti. Incluso si el comienzo parece sin sentido, confía en que con el tiempo tendrá un significado, o el significado te será revelado más tarde cuando revises tus notas.

Si decides canalizar, harás lo mismo que con la escritura automática. Prepara una aplicación o dispositivo de grabación para registrar todo lo que vas a decir. Establece tu intención de comunicarte con tus guías espirituales y, a continuación, entra en tu estado meditativo. Una vez que te sientas centrado, empieza a hablar según te guíen. Una vez más, lo que venga a través de ti no tiene por qué tener sentido. Cuanto más practiques esto, mejor podrás captar las impresiones energéticas de tus guías espirituales e interpretarlas con precisión. Tu ego contaminará cada vez menos sus mensajes con sus prejuicios y suposiciones.

Adivinación: La adivinación es una práctica metafísica que consiste en descubrir lo que ocurrirá en el futuro o discernir lo que está sucediendo ahora o en el pasado. Se trata de captar información a la que sería imposible acceder por medios ordinarios. Puedes utilizar varias herramientas de adivinación para ponerte en contacto con tu guía espiritual si ése es tu deseo. Puedes utilizar runas, cartas del tarot, péndulos, etc. Antes de utilizar la herramienta que elijas, medita para centrarte, establecer tu intención y empezar a trabajar.

Puedes utilizar las cartas del tarot para ponerte en contacto con tus guías espirituales "

Las cartas del tarot vienen con dibujos y texto para que sepas lo que cada carta significa. Se usan barajándolas mientras piensas en la pregunta que quieres hacer o la haces en voz alta. Entonces, o bien sigues barajando hasta que una carta salga volando del mazo, o bien dejas el mazo y eliges una carta de donde te lleve la intuición. Aplica el significado de la carta a tu pregunta y tendrás la respuesta. Si no está clara, pide aclaraciones en voz alta, baraja el mazo una vez más y elige otra carta. Esta nueva carta ofrecerá más información de tus guías, aclarando la primera respuesta.

Las runas también tienen su significado. Sólo tienes que estudiar lo que implica cada una, lanzarlas y leer las respuestas de tus guías. Los péndulos son excelentes para recibir respuestas afirmativas o negativas a tus preguntas, así que considera estudiar cómo funcionan e invertir en uno bueno para tu práctica.

Consejos para facilitar la comunicación con tus guías

1. Lleva un diario con todos los mensajes que has recibido y las preguntas que tienes para tus guías.
2. Comprométete a confiar en tu intuición, y mejorarás en distinguirla de tus pensamientos y sentimientos habituales a diario.
3. Mantén sagrado el espacio donde conectas con tus guías espirituales. Si por alguna razón no puedes, siempre que vayas a practicar debes visualizar una luz blanca que limpie todas las energías negativas y viciadas de la habitación antes de empezar.
4. Aprende a ser paciente. Aprender a comunicarte con tu guía espiritual no es cosa de un día.
5. Pídeles que te den señales y te guíen siempre que puedas.

Sabes todo lo que hay que saber sobre cómo conectarte con tus guías espirituales. ¿Te interesa la idea de explorar diferentes líneas temporales? ¿Te gustaría saber qué hacías en tus vidas pasadas? ¿Sientes curiosidad por los acuerdos o contratos únicos que hayas podido firmar y de los que no seas consciente en esta vida presente? Sin duda, el próximo capítulo ha sido escrito para ti.

Capítulo 7: Líneas de tiempo, vidas pasadas y contratos de alma

"¡Deja de perder el tiempo! El tiempo apremia para que cumplas lo que viniste a hacer a la Tierra".

– Dolores Cannon, Las Tres Olas de Voluntarios y la Nueva Tierra

¿Qué sentido tiene explorar líneas de tiempo alternativas? ¿Por qué importan las vidas pasadas? ¿Siguen siendo válidos los contratos de alma si ni siquiera los recuerdas? ¿Siguen siendo vinculantes? Aprender sobre las líneas de tiempo, tus posibles vidas pasadas y los contratos de alma de los que puedes formar parte tiene muchos beneficios. Al examinar tus vidas pasadas y cualquier línea de tiempo paralela o alternativa, te comprenderás mejor a ti mismo. Crees que conoces toda tu fuerza, pero siempre hay más por descubrir. Cuanto más sepas sobre estos temas, más fácil te resultará captar los patrones de tu vida e identificar formas de crecer más allá de tus limitaciones.

Al examinar tus vidas pasadas y cualquier línea de tiempo paralela o alternativa, te comprenderás mejor a ti mismo "

Te guste o no, tus retos actuales están conectados con otras vidas que has vivido y que estás viviendo ahora mismo. Cuando comprendas lo que ocurrió en tus vidas pasadas, encontrarás la explicación lógica a esos obstáculos aparentemente insuperables con los que has tenido que lidiar en esta vida y resolverlos. Armado con este nuevo conocimiento, podrás curarte de traumas pasados, lo que te permitirá experimentar por fin el crecimiento en áreas en las que has estado estancado durante demasiado tiempo.

Conocer tus orígenes es una gran manera de descubrir tu sentido del propósito. Sabrás de dónde vienes y hacia dónde te diriges. Te resultará más fácil averiguar si estás viviendo de acuerdo con el verdadero propósito de tu alma o no.

Por último, teniendo en cuenta que todo el mundo tiene una historia más allá de lo que se conoce en esta encarnación presente, te resulta más fácil sentir compasión por ellos. Te das cuenta de que son la suma de todos los personajes que han interpretado a lo largo de sus vidas, igual que tú eres el resultado de lo que has sido.

¿Vives varias vidas?

Lo primero que debes entender sobre la existencia es que el tiempo es una ilusión. Puede parecer que estás viviendo una sola vida, pero tienes más de una. Según Dolores Cannon, ahora mismo estás viviendo muchas vidas simultáneamente. ¿Recuerdas la idea de la reencarnación? Es el concepto espiritual de que, cuando falleces, regresas a la Tierra como una persona diferente para aprender nuevas lecciones o encarnar un nuevo personaje.

Si el tiempo no es lineal y todo existe ahora, entonces eso sugeriría que la idea de vidas pasadas es realmente lo mismo que vidas paralelas. Lo que la gente suele llamar "vidas pasadas" son encarnaciones paralelas. Así que, mientras lees, ten en cuenta que ambos términos pueden ser utilizados indistintamente en este capítulo.

Lo que la gente suele llamar "vidas pasadas" son encarnaciones paralelas"

Simplemente no eres consciente de estas otras vidas a menos que te asomes a ti mismo a través de regresiones a vidas pasadas o sueños. Tu conciencia se centra principalmente en tu encarnación actual en la Tierra, pero eso no niega la existencia de las otras versiones de ti. Para entender cómo funciona esto, investiga el trabajo de Jane Roberts sobre la idea de la sobrealma y sus esquirlas.

Como tu cuerpo está hecho de múltiples partes y órganos, y cada órgano está hecho de múltiples células, tú eres una parte de un número insondable de vidas, todas conectadas a una sola alma. Dicho de otro modo, si tu superalma es el océano, tu conciencia actual de esta encarnación es una de las gotas. Eres el punto más pequeño de una conciencia mayor y más grandiosa a la que actualmente tienes acceso de forma consciente. Por lo tanto, a medida que continúas tu evolución espiritual y tu conciencia se expande, comienzas a identificarte en otros individuos. La verdad sobre tu ser completo es que está en el plano de Dios donde todo está unido. No hay dualidad ni separación. Todo es una y la misma conciencia.

¿Cómo puedes estar seguro de que la idea de múltiples líneas de tiempo es una realidad válida? La difunta Dolores Cannon realizó un increíble trabajo en este campo. Trabajando con hipnosis, fue capaz de ayudar a miles de personas con regresiones a vidas pasadas. A lo largo de todas estas sesiones, cada participante le dio narraciones increíblemente detalladas de sus vidas pasadas a través de diversas culturas y épocas. Algunas de estas personas incluso hablaron de vidas pasadas en otros planetas. La consistencia de los resultados que ella obtuvo de sus sesiones indica que no había ninguna fabricación o fantasía implicada. ¿Por qué? Cada historia que fue compartida con Canon fue posteriormente verificada usando investigación histórica.

Las personas que trabajaron con Dolores Cannon se beneficiaron enormemente de las sesiones de regresión. Encontraron el hilo conductor entre lo que experimentaron en sus vidas pasadas o paralelas y lo que estaban afrontando en sus vidas presentes en términos de fobias, desafíos y dones o talentos que inexplicablemente tienen. Cuando estas personas revisitaron sus vidas pasadas, pudieron resolver el trauma que experimentaron entonces. Como resultado, su encarnación actual mejoró. Experimentaron una profunda curación y se sintieron más ligeros y libres debido a la liberación emocional de estas sesiones.

Una cosa interesante que todos señalaron fue su conexión con el mismo conjunto de almas a través de las vidas, independientemente del escenario o la edad. Estas almas cambiaban de papel de una vida a otra, pasando de amigos a familiares y a veces a enemigos. Esto nos lleva a preguntarnos qué sentido tienen estos dramas repetidos y las representaciones de situaciones a través de las reencarnaciones.

El sentido es la evolución del alma. Con cada encarnación, ya sea que elijas llamarla vida paralela o vida pasada, aprendes nuevas lecciones importantes que te hacen avanzar hacia el siguiente nivel de tu desarrollo espiritual. A medida que cada persona sigue desarrollándose hacia su Yo Superior, contribuye al crecimiento del colectivo.

Tu alma no está limitada por el tiempo lineal. Experimenta múltiples realidades simultáneamente. También existe en múltiples dimensiones. Cuando mueres después de jugar tu papel en una encarnación, hay una etapa intermedia conocida como la *Revisión de Vida*. Esta etapa es crítica porque es donde repasas las lecciones que has aprendido de la vida que acabas de dejar atrás. Es donde experimentas tu vida a través de los ojos de todas las personas con las que has interactuado. También podrás conectarte con tus seres queridos de varias vidas y planificar cuál será tu próxima encarnación en esta etapa. La Revisión de Vida no se limita al concepto terrenal del tiempo.

Ahora te estarás preguntando, ¿cuántas reencarnaciones tienes? El trabajo de Dolores no confirmó ningún punto específico en el que ya no tendrás que encarnar. El proceso de reencarnación no termina hasta que tu alma llega a un punto en el que no necesita experiencias físicas para su expansión continua. Cuando alcance este punto, no necesitará aparecer en este universo 3D. Eso no significa que el alma deje de existir, sino que pasa a otras aventuras más grandiosas que están más allá de la comprensión humana. Tu alma pasa a planos donde existe no físicamente.

¿Por Voluntad o por Fuerza? Todo sobre los contratos de alma

Tu alma eligió deliberadamente encarnarse en la Tierra. Algunos dicen que sólo te mantienen atado a la Tierra unos seres conocidos como arcontes, que son quienes fingen ser tus seres queridos esperándote en la luz al final del túnel cuando falleces. Dicen que estos arcontes están aquí para atraparte en la rueda de la reencarnación, de modo que estés condenado para siempre a esta experiencia tridimensional, y nunca debas ir hacia la luz.

Según el trabajo realizado por Dolores Cannon, está claro que tú decidiste deliberadamente reencarnarte aquí. Esto no ocurre por casualidad, ni se trata de un castigo o engaño. Tu alma es eterna, y su objetivo o deseo es conocerse a sí misma. No hay mejor manera de conocerte a ti mismo que probarte muchos papeles diferentes y ver quién eres en esos zapatos. El deseo de conocerte a ti mismo es natural porque proviene de la Unidad, la Fuente Divina.

Recuerda que, al principio, no había nada ni nadie más que el creador, que era Todo-Lo-Que-Es. La única manera de que Todo Lo Que Es pudiera conocerse a sí mismo era experimentar la dualidad en lugar de su unidad predeterminada. Por lo tanto, creó Todo-Lo-Que-No-Es. Tu alma es parte de Todo-Lo-Que-No-Es, en última instancia Todo-Lo-Que-Es, y de dónde vienes. Puesto que la Fuente desea conocerse a sí misma a través de ti, tú también buscas conocerte, y lo haces a través de tus encarnaciones y evolución constante.

Ahora es el momento de hablar de los contratos del alma. Tomar la decisión consciente de resurgir en una nueva encarnación significa entrar en un contrato único. No es un trozo de papel. Es simbólico de un acuerdo que tienes entre tu alma, grupos de almas y guías espirituales. Este contrato esboza claramente todo lo que pretendes aprender del viaje o de la próxima encarnación. Este acuerdo simbólico contiene cada experiencia significativa que estás destinado a encontrar y los patrones que se repetirán en forma de karma para que puedas resolverlos en esta nueva encarnación.

No hay razón para aterrorizarse ante el concepto de un contrato del alma porque es una hoja de ruta que te permite saber qué oportunidades tienes para crecer y convertirte en una versión aún más grandiosa de la persona que eres. La palabra "contrato" hace que parezca que no tienes más remedio que seguir ese plan concreto, pero hay mucho margen para la flexibilidad y la innovación.

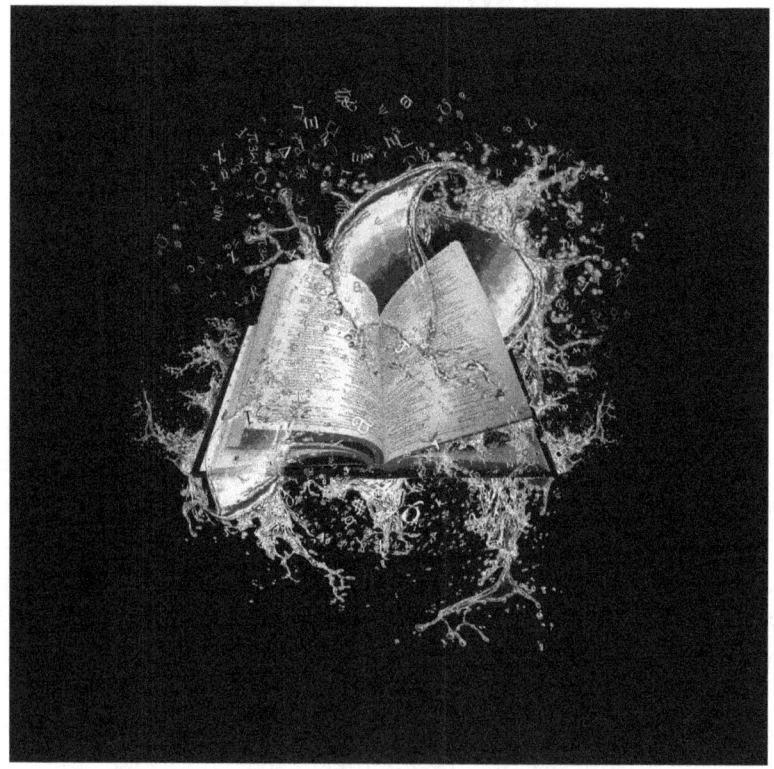

Según tu contrato de alma, tu alma eligió estar en la Tierra **⁷**

A pesar de la existencia de este acuerdo, tienes libre albedrío. Tú decides qué opciones tomar. Sólo tú decides cómo afrontar los retos que se te presentan. Tú decides si responder a la llamada de la divinidad o ignorarla. Claramente, has elegido la primera opción porque todavía estás leyendo este libro. Cada elección es crítica para el crecimiento de tu alma y, en última instancia, determinará si tu contrato se cumplirá o no al final de esta encarnación.

Una buena pregunta que puedes estar haciéndote es por qué es necesario incluir retos en este contrato. Seguro que debe haber otras formas de aprender una lección sin dificultades ni obstáculos, ¿verdad? Puede que te resulte beneficioso cambiar tu actitud y tu percepción de los retos. Cada reto y obstáculo al que te enfrentas en la vida es una oportunidad para que tomes decisiones que te ayuden a crecer. Es como ir al gimnasio. Las pesas que levantas son un reto, pero sigues levantándolas y te haces más fuerte con el tiempo. Más adelante podrás manejar cosas más pesadas.

Si no recuerdas nada más, date cuenta de que el contrato de tu alma no está grabado en piedra. Dependiendo de tus experiencias y de las elecciones que debas hacer, podrías encontrar lecciones extra que no formaban parte del contrato y podrías inspirarte para renegociar ciertas partes de ese contrato, trabajando con tus guías espirituales y tu yo superior que supervisan el proceso. Recuerda, tú eres el observador. Siempre tienes libre albedrío, y todo el sentido de tu existencia es la evolución constante de una encarnación a la siguiente, incluso dentro de encarnaciones individuales.

Casos de estudio

La mejor manera de apreciar la regresión a vidas pasadas es aprendiendo de historias reales y casos de estudio de personas que han explorado los recuerdos de otras encarnaciones. A partir de sus historias, descubrirás cómo las vidas pasadas siguen influyendo en las presentes.

James Leininger: La historia de James es interesante y se centra en una serie de pesadillas que empezaron a atormentarlo a la tierna edad de dos años. Noche tras noche, soñaba con estar en un accidente de avión y con los últimos momentos antes de perder la vida.

Con el tiempo, James comenzó a compartir más detalles de sus pesadillas con sus padres. Lo que les contó los dejó horrorizados. Su hijo estaba convencido de que había sido piloto en otra vida. Por desgracia, su nave fue derribada mientras volaba.

El nivel de detalle que James recordaba llevó a sus padres a la conclusión de que debía de estar describiendo una experiencia real. Entre otros muchos detalles, les dijo el nombre del avión que había pilotado, el portaaviones y el nombre completo de uno de sus amigos que había estado en el servicio con él.

Tras investigar un poco, descubrieron muchos paralelismos entre lo que James les había contado y la vida de otro James de otra época: James M. Huston Jr. Se trataba de un piloto que había servido en la Segunda Guerra Mundial y había fallecido décadas antes de que naciera el James actual.

Doscientos niños: El ex jefe del Departamento de Psiquiatría de la Facultad de Medicina de la Universidad de Virginia, el doctor Ian Stevenson, había documentado minuciosamente unos 200 casos de niños que tenían marcas de nacimiento que coincidían con heridas que habían sufrido las personas que creían ser en sus vidas pasadas.

Ian cruzó las marcas de nacimiento de estos niños con los historiales médicos de las personas fallecidas que los niños afirmaban haber sido en sus vidas pasadas. Uno de los niños era un chico que recordaba haber sufrido un disparo en la cabeza. Para dar más credibilidad a su historia, tenía marcas de nacimiento en la parte delantera y trasera de la cabeza, los puntos de entrada y salida de la bala que había provocado su muerte. Ian también se topó con una mujer que afirmaba haber sido golpeada tres veces con un hacha antes de fallecer. ¿Adivina qué tenía? Tenía tres líneas en la espalda.

A medida que Ian continuaba su investigación, se dio cuenta de que un gran número de los niños que recordaban vidas pasadas tenían inexplicables marcas de nacimiento que no podían explicarse por ninguna infección, genética o cualquier causa lógica. Sus descubrimientos revelaron que el 35% de estos niños sufrían fobias que coincidían con las circunstancias de sus muertes en vidas pasadas. Por ejemplo, si un niño recordaba haber sido arrojado desde una gran altura, lo más probable era que ahora tuviera fobia a las alturas.

Otra cosa fascinante que descubrió fue que muchos de estos niños parecían tener preferencia por la ropa o la comida de culturas específicas, de las que decían haber formado parte en sus vidas anteriores. Su trabajo aporta abrumadoras pruebas de que las vidas pasadas son reales.

Jenny Cockell: Desde que Jenny era pequeña, empezó a experimentar vívidos detalles de una de las vidas que había vivido en su pasado, a principios del siglo XX. Recordaba haber sido una irlandesa llamada Mary Sutton. Jenny no sólo recordaba sus experiencias personales como Mary, sino también las de los hijos de Mary, con los que aún se sentía profundamente unida.

Jenny se sintió lo bastante intrigada como para emprender un viaje en busca de las personas a las que consideraba familia en su vida pasada como Mary. Tras mucho tiempo e investigación, acabó rastreando su identidad hasta Irlanda. Pudo reunirse con esas personas y le confirmaron que sus recuerdos no eran fantasiosos, sino exactos hasta el más mínimo detalle.

Una técnica de regresión para conectarte con tu vida pasada

¿Quieres explorar tus vidas pasadas? Aquí tienes una excelente técnica basada en el trabajo de Dolores Cannon. Ella inventó un interesante método de hipnosis llamado Técnica de Hipnosis Curativa Cuántica (QHHT), que es excelente para la regresión a vidas pasadas, y la siguiente técnica se encuentra basada en su trabajo.

1. Ponte en un estado de meditación relajado utilizando el ejercicio de meditación que aprendiste en un capítulo anterior. Puedes sentarte o recostarte. Tú eliges.

2. Cuando tu cuerpo esté totalmente relajado, imagínate en un lugar tranquilo. Puede ser una cabaña en el bosque, la playa, un bosque o cualquier otro lugar. Debe ser un lugar en el que te sientas seguro y tranquilo.

3. Desde este lugar seguro en tu imaginación, establece tu intención de explorar cualquier vida pasada que sea más relevante para tu encarnación actual. Puedes solicitar la ayuda de tus guías o de tu Yo Superior y decirles que te muestren lo que necesitas ver, que será útil para la evolución de tu alma.

4. Mientras estés en este espacio, permite que tu mente viaje. No intentes controlar a dónde van tus pensamientos. Permite que los sentimientos, las impresiones y las imágenes vengan a ti libremente. Las escenas que veas pueden aparecer en el espacio que has imaginado, o puedes ser transportado a un

lugar completamente diferente. No tengas expectativas. Deja que las cosas se desarrollen como quieran.

5. Cuando hayas terminado, vuelve a tu cuerpo físico, respira hondo unas cuantas veces para enraizarte y abre los ojos lentamente.

6. Escribe cada pensamiento en tu diario lo antes posible para reflexionar sobre él más tarde.

Ahora sabes cómo comprobar lo que ocurre con tus vidas pasadas o paralelas. Entiendes la importancia de hacer esto para que tu vida presente pueda ser más satisfactoria y puedas ejecutar tu contrato de alma impecablemente. Entonces, ¿qué es lo siguiente? Es hora de descubrir tu propósito superior.

Capítulo 8: La revelación de tu propósito superior

"No te centres en lo que él o ella hace, sino en mantener tu propósito superior. Tu propio propósito debe buscar la armonía con la propia naturaleza. Porque este es el verdadero camino hacia la libertad".

– Epictetus

Ahora que tienes una idea clara del viaje de tu alma a través de la conciencia y el infinito y conoces a tus guías y a tu Yo Superior, ha llegado el momento de descubrir tu propósito superior. ¿Es algo que sigue eludiéndote? ¿Te sientes confuso sobre el sentido de tu existencia en este planeta?

Es hora de encontrar el sentido de tu existencia.

Has comprendido que, en última instancia, estás al servicio de un objetivo de expansión, pero la pregunta es: ¿qué se supone exactamente que debes hacer para que eso ocurra? ¿Dónde encontrarás la respuesta a ese rompecabezas cósmico? Este capítulo te dará técnicas útiles para ayudarte a encontrar una forma específica de expresar tu auténtico yo para vivir tu propósito aquí en la Tierra.

Por qué debes mirar hacia dentro

Descubrir el propósito último de tu alma no es algo sencillo. Aunque hay varias modalidades que puedes utilizar para llegar a la verdad de tu existencia, no es algo tan fácil como seguir una guía paso a paso. Estaría bien que fuera tan fácil como seguir las instrucciones de una cena congelada, meterla en el microondas y dejar que se caliente hasta que llegue el momento de sacarla.

El propósito de tu alma no se encuentra en un libro ni en una película. La razón por la que no es tan sencillo es que tu alma tiene una sabiduría que va más allá de las palabras y la lógica. No le importa lo que tu mente crea que desea.

En la búsqueda del propósito de tu alma, podrías hablar con tantos gurús como quisieras, leer todos los libros que existen y escuchar interminables horas de podcasts, pero todo ese trabajo nunca podría superar al trabajo interior. El propósito de tu alma está en ti, lo que significa que no hay otro lugar donde buscar que en tu interior.

El problema de confiar en una fuente externa de información es que sólo conseguirás una alineación superficial. Te estás asignando artificialmente algo que te apasiona. Si profundizas, te darás cuenta de que este "propósito" no resuena con tu auténtico yo. Puede que empieces con brío y entusiasmo, pero con el tiempo, notarás una creciente sensación de insatisfacción y vacío en tu corazón.

La definición de tu propósito original nunca debe dejarse en manos de fuerzas externas. Has venido aquí con un proyecto único sobre cómo debes vivir tu vida. Perderás tu agencia si buscas las respuestas fuera de ti mismo. Esta es la razón por la que muchos se quejan de sentirse perdidos.

Cuando permites que el mundo exterior o tus circunstancias dicten lo que haces con tu vida, vivirás una vida sin sentido. No has venido aquí para conformarte. Has venido a transformarte, y sólo puedes hacerlo siendo tú mismo.

Cuando empieces a buscar el propósito de tu alma, debes tener un sentido de reverencia. Tienes que permanecer abierto, confiando en que todo lo que se te revele sea para tu mayor bien. Necesitas el estado de ánimo adecuado. Si te tomas en serio lo de saber por qué estás aquí, debes cultivar un estado mental que sea tranquilo y claro. Esto significa que es hora de dejar de lado distracciones como tu aplicación favorita de redes sociales. También tienes que dejar de hacer otras cosas que sabes que se interponen en el camino de encontrar tu por qué. Ya sabes cuáles son. Tu alma te lo está diciendo ahora mismo.

Un último punto antes de sumergirnos en las diferentes modalidades de exploración del propósito del alma es que el proceso es un viaje. No es algo que esté grabado en piedra. En determinados momentos de tu vida, el propósito de tu alma evolucionará, y es tu trabajo mantenerte en sintonía con él y seguir su evolución.

Meditación sobre el propósito del alma

El mundo está lleno de gente estresada. El estrés es una de las razones por las que a la gente le resulta difícil descubrir el propósito de su alma. La vida moderna está llena de distracciones y alternativas pobres e inferiores a los dones espirituales y la exploración. Probablemente hay un televisor en tu casa. ¿Cuántas veces la has utilizado para adormecerte en lugar de escuchar a la parte de ti que te pide que te desconectes y te sientes en silencio?

Si lo piensas un poco, te darás cuenta de que los humanos nos hemos convertido en androides. ¿Por qué? Casi todo el mundo tiene un teléfono móvil, ese pequeño rectángulo que bien podría llamarse Central de Distracciones. Muchos están preocupados por la inteligencia artificial sin darse cuenta de que ya gobierna sus vidas a través de ese pequeño aparato que llevan encima.

A primera vista, puede parecer que el acceso a la información digital procedente de una amplia gama de fuentes es algo positivo. Sin embargo, eso puede llevar rápidamente al agobio. Recibes todo tipo de ideas de todos los sitios y, de repente, dejas de ser tú mismo. Te conviertes en un loro, repitiendo las perspectivas de los demás sin pensar en las tuyas.

Incluso si decides dejar el teléfono y salir a pasear, los carteles publicitarios de todas partes compiten por tu atención. Hay tanto ruido en el mundo que es difícil escuchar tu interior. Por eso la meditación es uno de los caminos perfectos para descubrir tu propósito.

La meditación diaria te ayuda a reducir tus niveles de estrés, poniéndote en un estado mental en el que es más fácil captar lo que tu yo superior te está compartiendo. Te desprendes de todas las opiniones, ideas y perspectivas que no son tuyas y te quedas sólo con tu *Ser.*

La meditación también es útil porque te anima a autorreflexionar y a mejorar tu autoconciencia. Si no puedes hacerlo, no escucharás los impulsos intuitivos que recibes de la Divinidad. Dicho todo esto, aquí tienes una meditación que te ayudará a reconectar con el propósito de tu alma y a expresar tu yo superior. Estas instrucciones te ayudarán a descubrir tu propósito más elevado.

1. Asegúrate de que no llevas nada incómodo o apretado.
2. Busca un lugar tranquilo, alejado de distracciones y molestias. Si te sientas o te recuestas durante la meditación, depende de ti. Siéntate o recuéstate, pero elige una postura en la que permanezcas despierto.
3. Cierra los ojos y centra tu atención en la respiración. Respira lenta y profundamente. Inhala cuatro veces, mantén la respiración otras cuatro y exhala cuatro veces. ¿Te resultan incómodas las cuentas? En ese caso, inspira hasta que se te suba el vientre, aguanta la respiración todo lo que puedas y luego espira. Puede que notes que la exhalación es más larga que la inhalación. Es natural.
4. Cuando te sientas centrado, imagínate rodeado de una luz blanca. Esta luz se siente cálida en tu piel. Llena tu corazón de paz sagrada y alegría. Es la luz de tu ser superior.
5. Di en tu mente o en voz alta: "Gracias por mostrarme el propósito de mi alma". Mientras repites esto como un mantra, contempla lo que estás diciendo. Al dar las gracias, estás asumiendo y aceptando que ya has recibido la respuesta que buscas. Así es como aprendes tu propósito, si no en esta sesión, en los próximos días y semanas.
6. Mientras repites este mantra, deja que la luz te envuelva y que te llene también por dentro.
7. Continúa disfrutando del sentimiento de gratitud hasta que termines la sesión de meditación. Algunos días, cuando no dispongas de tiempo suficiente, te será útil utilizar un temporizador. En otros, puedes seguir sumiéndote en este sentimiento de agradecimiento todo el tiempo que quieras.

8. Cuando estés preparado, vuelve a centrar tu atención en la respiración. Sé más consciente de tu cuerpo. Mueve un poco los dedos de las manos y de los pies para conectarte con la tierra. Cuando estés preparado, abre los ojos.
9. Toma tu diario y escribe sobre tu experiencia, incluyendo ideas y cualquier visión o sensación que hayas tenido.

Antes de pasar al siguiente método para descubrir el propósito de tu alma, por favor, entiende que esto no suele ser algo que la gente descubra en un día. Eso no quiere decir que es imposible tener esa experiencia después de tu primera sesión de meditación con esta intención, pero es importante conservar la perspectiva correcta y no presionarte con expectativas poco realistas. Mantén una actitud de confianza, de despreocupación divina, por así decirlo.

Has puesto la intención, y una cosa sobre las intenciones es que deben cumplirse. Cada vez que surja en tu mente la pregunta de qué se supone que debes hacer con tu vida, salúdala con agradecimiento en tu corazón. Considera los momentos en los que te sientes confuso acerca de tu propósito como los dolores de parto de su revelación y elige en su lugar sentirte emocionado. Esto acelerará la manifestación de tu respuesta.

Escritura automática para acceder al plan de tu alma

Algunos lo llaman escritura automática. Otros lo llaman psicografía. En cualquier caso, es la práctica de entrar en ti mismo para extraer la sabiduría que está más allá de tu percepción consciente. Es conectarte con tu alma y tu Yo Superior para aprender lo que es esencial saber en este momento de tu vida. La escritura automática es una hermosa manera de averiguar qué se supone que debes hacer con tu tiempo en la Tierra. Ya sea que pienses que esta inteligencia proviene de tu alma, de tu Yo Superior, de tu mente subconsciente o de Dios, con la escritura automática estás permitiendo que la inteligencia de la Fuente Divina fluya a través de ti.

Hay muchas razones para aprovechar la escritura automática.
1. Induce a un estado de calma, que te enraíza en el presente.
2. Experimentarás una claridad fuera de lo común.
3. Recibirás orientación de las mejores fuentes a través de esta práctica.

4. Tus chakras del tercer ojo, la garganta y el corazón se abrirán y funcionarán aún mejor a medida que practiques.
5. Desarrollarás una confianza más sólida en tu intuición y tu instinto.
6. Tomarás decisiones más sabias que antes.
7. Tus habilidades psíquicas también mejorarán.

A medida que practiques la escritura automática, la encontrarás increíblemente reveladora. Además, en el proceso de expresar los mensajes de tu conciencia superior, te curarás a muchos niveles. Muchos de los bloqueos mentales, problemas físicos y estancamiento que la gente experimenta en la vida provienen de negarse a expresar su yo interno. Mediante la escritura automática, permites que la energía de la fuente fluya a través de ti, y esta energía cura automáticamente todas las heridas y abre todos los bloqueos.

¿Cómo practicas la escritura automática? Concretamente, ¿cómo puedes utilizar este proceso para ayudarte a determinar el propósito de tu alma? Es un proceso sencillo. Originalmente, esta práctica se realizaba con papel y bolígrafo, pero con la nueva tecnología, no hay razón para no utilizar una aplicación de procesamiento de textos. Algunas personas prefieren hacerlo a la antigua usanza, con papel y bolígrafo, porque hay algo en el proceso de escribir que les resulta orgánico y los ayuda a dejar que los mensajes fluyan sin obstáculos. Depende de ti practicar y ver qué prefieres.

Si quieres sacar el máximo partido de la escritura automática, debes olvidarte del tiempo. No esperes tener que expresar todo lo que debes aprender en cuestión de minutos. Es un proceso que llevará el tiempo que haga falta. Si te presionas tratando de encajarlo todo en un tiempo concreto, dificultarás que captes lo que tu Yo Superior te está diciendo. Sigue estos pasos para utilizar la escritura automática y descubrir el propósito más grandioso de tu alma.

1. Prepara el material con el que vas a tomar apuntes. Si vas a tomar notas con un dispositivo digital, ponlo en modo avión y configúralo en "No molestar" para que no te distraiga ninguna notificación.
2. Concentra tu atención en tu intención.
3. Tómate unos minutos para centrarte meditando. Al igual que la meditación, la escritura automática requiere de un entorno libre de distracciones y perturbaciones. Por lo tanto, si necesitas

informar a otras personas con las que convives de que necesitas unos momentos a solas, hazlo.
4. Ahora que estás con los pies en la tierra, toma tu material de escritura.
5. Desde este estado de calma, escribe tu intención, que es descubrir tu propósito más elevado. Si lo prefieres, puedes formularlo como una pregunta.
6. Sigue escribiendo tu intención o pregunta una y otra vez mientras mantienes tu estado mental centrado y una suave concentración en lo que estás haciendo. También puedes escribir la pregunta una sola vez y mantenerla en tu mente. Espera a que lleguen los mensajes.
7. En algún momento, sentirás el impulso de escribir algo. Déjate llevar.
8. Durante todo este proceso, tu mente debe estar relajada. Aquí no hay lugar para la lógica, así que no sientas que lo que sale en las páginas debe tener sentido. Aunque al principio todo sean garabatos, confía en que con el tiempo te llevarán a algo profundo.
9. En algún momento, sentirás que no hay nada más que dar. Cuando esto ocurra, no te desanimes ni intentes forzar la continuación del proceso. En lugar de eso, da las gracias a tu Yo Superior y luego revisa lo que has escrito.

Descubrir tu propósito a través de la psicografía puede requerir más de unas pocas sesiones, pero funciona eficazmente. Tus expectativas lo son todo. No interpretes una sesión aparentemente infructuosa como una señal de que esto no funciona. Si lo haces, puede que te des por vencido. Mantener tus expectativas positivas y confiar en que ya tienes la respuesta es una forma segura de obtener resultados. Es sólo cuestión de tiempo.

Encontrar tu propósito a través de viajes chamánicos

No hay ninguna razón por la que no puedas descubrir el plan maestro de tu vida mediante un viaje chamánico. Después de todo, es una excelente manera de conocer a tus guías y otros seres sabios y atemporales que definitivamente saben más acerca de cómo funciona la vida y por qué estás aquí ahora como la personalidad que eres.

Si eliges practicar el viaje chamánico para aprender el propósito de tu alma, lo mejor es ir al Mundo Inferior. Este mundo está asociado con un profundo nivel de transformación que resulta de la introspección.

Una de las principales razones por las que muchas personas no viven al máximo de su potencial o no exploran su propósito es el miedo. Saben que podrían ser mucho más, pero las frenan las implicaciones de lo que significaría encarnar plenamente su yo. Por eso el Reino Inferior es el mejor lugar al que acudir. Allí puedes enfrentarte cara a cara con tus miedos, descubrir qué sucesos traumáticos del pasado te están frenando y curarte de ellos.

Al igual que una semilla debe plantarse en la tierra antes de brotar hacia el cielo, tú también debes ir primero al vientre del Mundo Inferior para encontrar tu porqué. No tienes que hacerlo solo. Te acompañarán tus guías. Así es como funciona el proceso.

1. Debes encontrar un lugar tranquilo, libre de perturbaciones y distracciones. Si te ayuda, puedes crear el ambiente adecuado atenuando las luces, utilizando velas, encendiendo incienso o cualquier otra cosa que te haga sentir en sintonía con el reino espiritual.
2. Pon de fondo una melodía de tambores chamánicos o concéntrate en el sonido y la sensación de los latidos de tu corazón.
3. Recuéstate o siéntate cómodamente. Cierra los ojos y concéntrate en respirar profunda y relajadamente, liberando la tensión con cada exhalación.
4. Cuando te sientas centrado en el momento, imagina una burbuja de brillante luz blanca dorada que te rodea, manteniéndote seguro y protegido para el viaje que se avecina.
5. Lleva tu mente a tu intención. Recuerda que el objetivo de este viaje es descubrir el propósito más elevado de tu alma. Expresa tu intención con firmeza y suavidad.
6. Visualízate en la base del árbol más grande que puedas imaginar. Observa la abertura en la base del árbol. Camina hacia ella y entra por la abertura.
7. Ahora estás dentro del tronco del árbol. Fíjate en las escaleras que bajan al Reino Inferior. Desciende con atención, sintiendo cada escalón bajo tus pies. Percibe la sensación de adentrarte

cada vez más en el núcleo del universo.

8. A medida que desciendas, notarás que el mundo que te rodea está cambiando. Esto te indica que te estás acercando a tu destino.
9. Ya has llegado. Tómate un momento para mirar a tu alrededor y estudiar lo que ves. Fíjate en el entorno y en los seres sensibles que te rodean, humanos o no, y confía en que estás a salvo y protegido.
10. Declara tu intención de encontrarte con tus guías a medida que te adentras en este reino. Cuando aparezcan, lo sabrás porque su energía te resultará familiar y segura.
11. Una vez que te encuentres con tus guías, pregúntales sobre el propósito de tu alma. Presta atención a cómo te sientes y a los pensamientos que surgen después de preguntar. No siempre recibirás la comunicación mediante palabras. A veces, será como un bloque de pensamiento que llega a tu mente, y otras veces, será simplemente un sentimiento o energía. Sea lo que sea lo que recibas, confía en que es tu respuesta.
12. Si la respuesta parece poco clara, no dejes que eso te desanime. En lugar de ello, da las gracias a tus guías por ofrecerte su tiempo y su orientación. Pídeles que te aclaren el significado de su mensaje en los próximos días y semanas, y dales las gracias por hacerlo. Agradéceles también su presencia.
13. Regresa a la entrada del Reino Inferior y sube las escaleras. Una vez fuera del Árbol del Mundo, dale las gracias por permitirte el acceso al Reino Inferior.
14. Vuelve a centrar tu atención en la respiración. Mueve los dedos de los pies y de las manos para estar más presente en tu cuerpo. Cuando estés preparado, abre los ojos.
15. Toma tu diario y anota todos los recuerdos y sensaciones que hayas recibido durante el viaje. Tómate unos momentos para reflexionar sobre el significado del mensaje que recibiste, poniéndolo en el contexto del descubrimiento de tu razón de ser.

Ten en cuenta que es posible que no obtengas la imagen completa del mensaje que te transmite tu guía después de una o dos sesiones, pero no es algo de lo que debas preocuparte. Vive cada día con la intención de descubrir y comprender su mensaje más que antes. Presta atención a los empujones y señales intuitivas que te lleguen. Así es como su respuesta se desplegará y te resultará más clara.

Adivinar el porqué de las cosas

Ya has aprendido un poco sobre la adivinación y cómo funciona. Es una forma excelente de averiguar por qué estás aquí. Podrías trabajar con lecturas de tarot, que requieren cartas de tarot. Estas cartas incluyen los Arcanos Mayores y Menores, y cada una tiene su propio significado.

Las runas son otra opción excelente, ya que cada una representa un tema, una palabra y un sonido. Tanto si eliges las cartas del tarot como las runas, podrías interpretarlas individualmente o utilizar grupos de cartas o runas para ofrecerte un contexto.

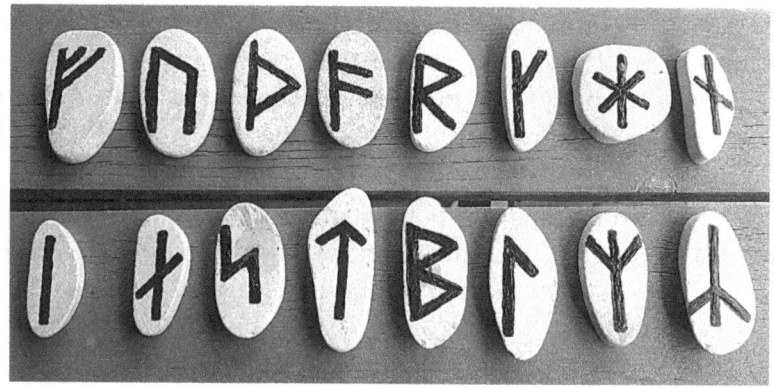

Las runas pueden ofrecer algo de contexto

Uno de los métodos más fáciles y accesibles para estas prácticas es la lectura del péndulo. Necesitarás un péndulo, un objeto con peso que cuelga del extremo de un hilo. Puedes comprar uno o crear uno sencillo en casa utilizando un trozo de hilo y una llave con un agujero. Pasa el hilo por el agujero y átalo con un nudo. Ya tienes un péndulo improvisado. ¿No tienes llave? No hay problema. Cualquier otro objeto pesado que puedas colgar del hilo te servirá. A continuación te explicamos cómo utilizar tu péndulo:

1. Entra en un estado de meditación.
2. Toma el péndulo con las dos manos, cuerda y pesa incluidas.
3. Inhala luz blanca dorada sobre el péndulo tres veces, imaginando que eso lo limpia de todas las energías que no te servirán. Así es como lo consagras para tu uso exclusivo y te

aseguras de recibir mensajes de tu Yo Superior y de otros guías que desean cosas buenas para ti.

4. Sujeta el péndulo con la mano dominante. Deja que el peso cuelgue libremente, balanceándose a su antojo.
5. Ahora es el momento de "calibrar" tu péndulo. Hazle una pregunta que sólo pueda responderse con un sí, como: "¿Me llamo (tu nombre aquí)?". Espera y observa cómo se mueve.
6. Hazle una pregunta que sólo pueda responderse con un no, como "¿Tengo dos cabezas?". Observa cómo se mueve.
7. Hazle dos series más de preguntas de "sí" y "no" para que sepas lo que implica cada movimiento.
8. Ahora que te has conectado con tu péndulo y sabes cómo se mueve para decir sí y no, establece tu intención de aprender sobre el propósito de tu alma.
9. Pregúntale a tu péndulo si tu Yo Superior y tus guías espirituales están presentes.
10. Si tu péndulo oscila afirmativamente, comienza a hacer preguntas simples de sí o no sobre el propósito de tu alma. Por ejemplo, puedes preguntarle si estás destinado a trabajar en la industria del entretenimiento. Si la respuesta es "no", sigue preguntando sobre otros sectores hasta que la respuesta sea "sí".

Para aprovechar al máximo este método, puedes preguntarte en qué cosas eres bueno por naturaleza, porque lo más probable es que formen parte de tu gran diseño y del plan de tu alma.

5 consejos para saber por qué estás aquí

Ahora tienes varias herramientas que puedes utilizar para descubrir tu propósito. Independientemente de la que elijas, los siguientes consejos te ayudarán a conseguirlo.

1. **Presta atención a las cosas que te producen alegría:** Son pistas sobre lo que estás destinado a hacer. Cuando las descubras, escribe sobre ellas en tu diario y busca formas de incorporarlas a tu vida cotidiana y compartirlas con los demás.
2. **Dedica tiempo a meditar todos los días:** Esta práctica es como una lija, que pule todas las asperezas innecesarias que impiden que tu propósito brille con intensidad. Te ayudará a ver lo que importa y lo que no. Las respuestas que buscas están en la quietud, el silencio y la soledad.

3. **Sé creativo:** No necesitas ser el mejor artista, cantante, escritor, pintor o lo que sea. Sólo tienes que encontrar la manera de sacar tu lado creativo cada día. Todo el mundo lleva dentro una capacidad creativa. Exprésate a través del arte y encontrarás pistas sobre lo que le importa a tu alma.
4. **Pasa tiempo en un entorno natural:** La naturaleza es un don poderoso. Cuanto más tiempo pases en un entorno natural, más fácil te resultará captar los deseos y planes de tu alma. Tu Yo Superior siempre te está hablando. Tanto si eliges estar en la montaña, en la orilla del mar o en el corazón del bosque, notarás que la naturaleza agudiza tus oídos internos para escuchar la guía que llevas dentro.
5. **Mantén la mente abierta:** Si siempre has preferido la rutina, es hora de sacudir las cosas. Si siempre dices no a lo nuevo y desconocido, es hora de preguntarse por qué. ¿Podría ser que tu ego sepa que es ahí donde reside tu verdadero propósito? Empieza a decir que sí a las nuevas oportunidades y experiencias y verás qué emocionantes caminos te llevan.

Capítulo 9: Rituales diarios para una vida consciente

Al principio de este libro, has aprendido sobre la conciencia, explorando diferentes perspectivas y descripciones. Aprendiste que la consciencia es percepción y que puedes ser consciente de ser una cosa u otra. También descubriste la conexión entre la conciencia y la física cuántica, encontrando los hilos que conectan estos temas. Además, aprendiste sobre la mecánica cuántica del cerebro, que explica los orígenes de la conciencia.

Descubriste el estado de superposición, que es cuando una partícula existe en todos los estados posibles a la vez, eligiendo sólo un estado en respuesta a un observador y sus expectativas a través del colapso de la función de onda. Entiendes cómo funciona el enredo, pero ¿cuáles son las implicaciones? Si observas algo y esperas que se presente de una determinada manera, lo hace, y entonces cualquier otra cosa cuánticamente enredada con ella debe reflejar esa única cosa.

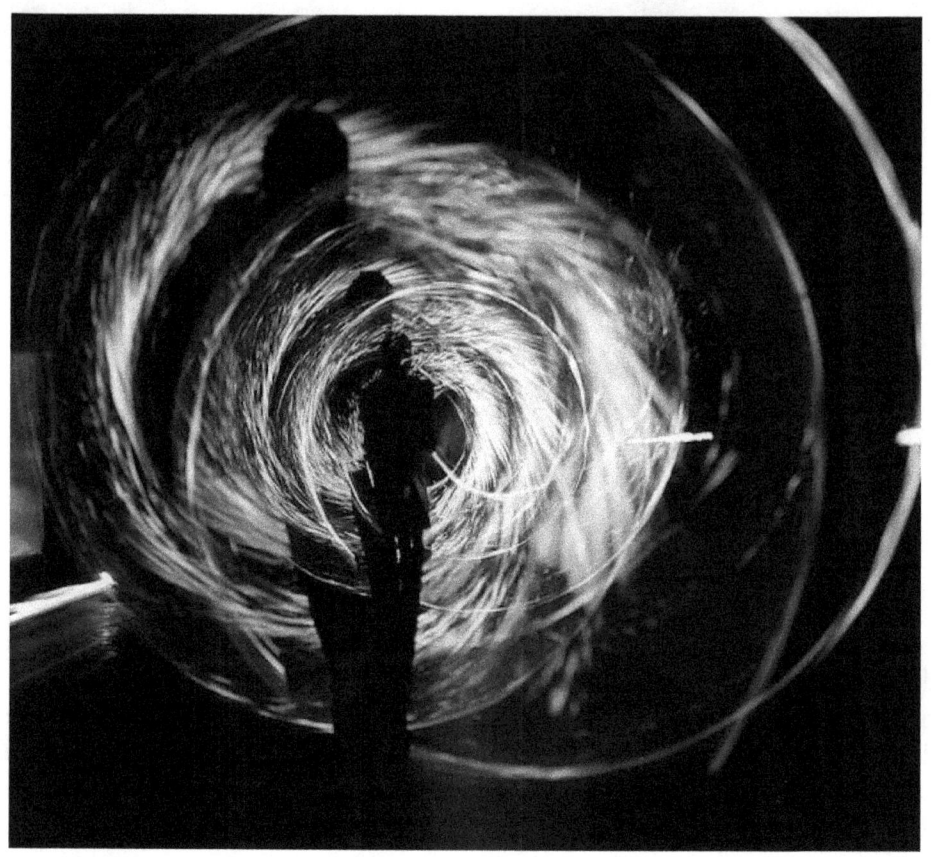

Aprovechar la inteligencia infinita de la conciencia superior te llevará a vivir una vida que te dé alegría y plenitud [50]

Para dejarlo claro, todas las versiones posibles de ti y de tu vida existen al mismo tiempo. Si has sido consciente de ser un artista pobre y hambriento, has utilizado el efecto observador para provocar una función de colapso de ondas en la que sólo vives como un artista pobre y hambriento y no como cualquier otra cosa. Con el enredo siempre en acción, todo en tu vida refleja tu identidad como artista que no puede permitirse llegar a fin de mes.

La implicación es que si quieres ser un artista de éxito, tienes que "observarte" como tal. Tienes que "ser consciente" de la visión entrando en la conciencia superior, el campo de la posibilidad infinita, seleccionando este estado preferido de ser, y luego provocando el colapso de la función de onda que cambie tu mundo para reflejar tu nuevo estado de abundancia.

También has aprendido sobre la conciencia superior y, con suerte, te has dado cuenta de que no hay razón para condenarte a las luchas de vivir una vida puramente desde la perspectiva limitada de tu ego y las suposiciones de lo que es posible para ti. Estas prácticas te ayudan a ser consciente de tu yo superior, a romper paradigmas limitantes, a aprovechar la inteligencia infinita de la conciencia superior y a vivir una vida que te dé alegría y plenitud.

Para ver un cambio poderoso y permanente, necesitas un ritual diario que incorpore estos poderosos conceptos de la física cuántica y la conciencia. Este capítulo te ayudará con sugerencias de prácticas para hacer una parte no negociable de tu día. Al crear un ritual consistente para tu evolución espiritual, no hay límite en cuanto a las alturas que puedes alcanzar, y convertirás en realidad todo lo que antes considerabas "imposible".

Rituales matutinos

Empieza cada día con un ritual y observa cómo cambia tu vida con el tiempo. Es más fácil practicar tus ejercicios espirituales preferidos a primera hora de la mañana, antes de hacer cualquier otra cosa, porque la energía que des al empezar el día allanará el camino a las buenas experiencias. Como mínimo, te ayudará a manejar mejor cualquier negatividad. Supongamos que esperas a la mitad del día para practicar. En ese caso, tendrás dificultades para sacar el máximo partido a tu ritual, y eso es una doble garantía si ya has pasado por situaciones que te han puesto de mal humor.

Si empiezas el día con una práctica espiritual, te pones automáticamente en un estado de mayor conciencia y eres más consciente de tus decisiones a lo largo del día. También eres menos susceptible de dejarte llevar por las emociones negativas si alguna situación indeseable las desencadena. Ya conoces la meditación. ¿Qué más podrías hacer a primera hora de la mañana?

Establece intenciones positivas: Tu intención es cómo quieres que se desarrolle algo. Es cómo preferirías vivir tu día. Aunque dudes un poco del poder de todo esto, al menos puedes establecer una intención para algo que sabes que está bajo tu control: tu estado emocional. Si empiezas el día con la intención de encarnar una emoción o un estado de ánimo específicos, tendrás más posibilidades de sentirte como quieres.

Cuando establezcas intenciones positivas para tu estado emocional, presta atención a cómo transcurre tu día. Llevar un diario es una excelente práctica que te será de ayuda. Al final de cada día, reflexiona sobre la intención con la que empezaste y revisa cómo te manejaste. Cuanto más practiques establecer intenciones positivas, más notarás que tus sentimientos se alinean con lo que pretendías. Este resultado debería darte pruebas más que suficientes del poder de establecer intenciones positivas. A partir de este momento, puedes practicar el establecimiento de intenciones para situaciones específicas que te gustaría experimentar.

¿Cómo se establece una intención positiva? Cuando te levantes por la mañana, empieza a meditar inmediatamente. Una vez que te sientas con los pies en la tierra y tu mente esté quieta, dirige tu atención a tu intención. Si te sirve de ayuda, puedes resumirla en una sola palabra. A continuación, repite esta palabra mientras contemplas lo que significa para ti hasta que empieces a sentirla.

Observa de qué parte de tu cuerpo procede esta sensación. A continuación, muévela por todo el cuerpo, de la cabeza a los pies. Imagínatelo como una luz blanca. Una vez que la hayas movido, deja que impregne todo tu cuerpo. Puedes terminar esta sesión dando las gracias. Si sigues luchando con la idea de entidades distintas de los humanos, al menos confía en que, a través del enredo cuántico, tu día debería alinearse con tu intención.

También puedes establecer intenciones al final del día para un buen descanso nocturno, sueños, comunicación con tus guías a través de visiones o sueños, viajes astrales, etc. Puedes establecer intenciones siempre que quieras. Cuanto más practiques y veas resultados, más probable será que te acostumbres a establecer intenciones sobre la marcha en diferentes momentos del día. Podrías establecerlas para reuniones productivas, interacciones interesantes, un almuerzo agradable, etc.

Gratitud: La gratitud es el código de trucos para manifestar cualquier cosa que tu corazón desee fácil y rápidamente. Mucha gente asume que sólo debes estar agradecido después de recibir algo, pero ¿sabías que puedes hacer ingeniería inversa en el proceso? Piénsalo así. Tu deseo es una partícula. Tu agradecimiento por haber recibido el deseo es otra partícula. Ambas partículas están enredadas cuánticamente. Al elegir estar agradecido por haber recibido tu deseo, aunque todavía no tengas pruebas físicas de ello, estás provocando un colapso de la función de onda que conducirá a la manifestación del deseo.

Para las personas que luchan con todo tipo de técnicas de manifestación, la gratitud es un atajo sencillo. ¿Qué deseas? Tanto si es que tu día vaya de una manera determinada como si es algo más específico y tangible, prueba con la gratitud. Una forma sencilla de practicarlo es, en primer lugar, entrar en un estado centrado de meditación y, a continuación, decir "Gracias" mientras contemplas aquello por lo que estás agradecido.

Una de las razones por las que la gratitud es tan eficaz es porque te saltas las partes intermedias de cómo se hará realidad tu deseo y llegas al momento posterior, cuando ya lo has recibido. Así que haz de esto una práctica diaria.

Otra forma de practicar la gratitud es hacer listas de cosas por las que estás agradecido. No tiene por qué ser una lista larga. Incluso hacer una lista de tres a cinco cosas cada día que aprecias te ayudará mucho a activar la magia de la gratitud en tu vida. ¿Cómo? Experimentarás aún más cosas por las que estar agradecido. Puede que haya días en los que sientas que no se te ocurre ni una sola cosa que agradecer. No hay razón para castigarte por ello. Basta con revisar las viejas listas que has hecho y dejar que tu corazón se llene de agradecimiento por ellas.

Un error común que comete la gente es asumir que se trata de las palabras. Sin sentirte realmente agradecido, podrías decir "gracias" hasta la saciedad y no experimentar ninguno de los hermosos regalos que te da la gratitud. Entonces, ¿cómo generar ese sentimiento? Reconociendo todas las razones por las que estás agradecido y cómo, a pesar de que mucha gente no tiene esas mismas bendiciones, ¡tú puedes experimentarlas!

Prácticas de conexión mente-cuerpo

Muchas personas experimentan ansiedad, miedo y preocupación porque están en sus cabezas y no en sus cuerpos. Las prácticas de conexión mente-cuerpo están diseñadas para sacarte de ese espacio mental caótico y llevarte simplemente a estar en el aquí y ahora, de la misma manera que está tu cuerpo.

Yoga: El yoga te mostrará en tiempo real cómo están conectados tu cuerpo y tu mente. A medida que lo practiques cada día, descubrirás que no sólo estás más en forma, sino también más presente y enraizado. Recuerda que este estado de presencia es esencial para permanecer conectado con la conciencia superior, que es la razón por la que escogiste este libro en primer lugar. Visita a tus instructores de yoga locales. Prueba una clase con varios de ellos para encontrar el que mejor se adapte a ti.

El yoga te mostrará en tiempo real cómo están conectados tu mente y tu cuerpo [51]

Tai Chi: El Tai Chi es una meditación en movimiento que cura el cuerpo. Este arte marcial chino te sitúa firmemente en tu cuerpo, dándole a tu mente la oportunidad de descansar. Como resultado, la relajación que sientes en cada sesión se traslada a otros aspectos de tu vida, con una mente tranquila y clara, el tipo de mente propicia para captar los mensajes del mundo espiritual. La paz interior que ofrece la práctica constante del Tai Chi es incomparable. Cada movimiento está sincronizado con la respiración, por lo que es imposible no estar presente. Busca clases cerca de ti para encontrar una en la que te sientas cómodo.

Trabajo de respiración: La respiración es otra práctica para aliviar el estrés que te ayudará a mantener tu conexión con la conciencia superior. Es una forma de practicar la atención plena, que requiere que controles tu respiración de varias maneras. Si eres como la mayoría de la gente, probablemente respiras superficialmente. El problema de respirar así es que activas tu sistema nervioso autónomo, lo que significa que estás constantemente estresado. Mantienes tu cuerpo atrapado en el estado de lucha-huida-congelación-desmayo. Estas respuestas son estupendas cuando estás en peligro, pero cuando te quedas atrapado en este estado durante demasiado tiempo, es terrible para tu salud.

Respiración: te ayudará a activar tu sistema nervioso parasimpático, que te permite descansar y sentirte a gusto. Es más, te pone en un estado meditativo, manteniéndote en el presente, donde es más fácil liberar emociones negativas, creencias, pensamientos y comportamientos que te impiden vivir con autenticidad. Aquí tienes algunas versiones de prácticas de respiración que puedes aprovechar ahora mismo.

1. **Respiración diafragmática:** Recuéstate boca arriba, con una mano en el pecho y la otra en el estómago mientras respiras. Para inhalar, hazlo despacio y por las fosas nasales. Debes sentir que tu estómago levanta la mano. Para espirar, suelta el aire lentamente por la boca ligeramente abierta, de modo que la mano sobre el vientre vuelva a bajar. Sigue así todo el tiempo que quieras.
2. **Respiración 4-4-4-4:** Recostado boca arriba, inspira por las fosas nasales cuatro veces, aguanta la respiración cuatro veces, espira por la boca ligeramente abierta cuatro veces y aguanta la respiración cuatro veces. Repite este proceso y detente cuando estés preparado o cuando suene el temporizador.

Técnicas de visualización de la Ley de la Atracción

La visualización consiste en utilizar la imaginación para ver la versión del mundo en la que preferirías estar. Cuando visualizas algo, estás utilizando el efecto observador para seleccionar tu realidad a través del mecanismo de colapso de la función de onda. Estás canalizando tu conciencia sin forma (YO SOY) hacia la encarnación de una forma específica (eso). Esta es la interpretación esotérica de la frase bíblica: "Yo Soy el que Soy".

La visualización consiste en utilizar la imaginación para ver la versión del mundo en la que preferirías estar.[53]

Puedes utilizar tableros de visión para visualizar. Recorta todas las imágenes y artículos que resuman la esencia de lo que quieres crear y colócalos donde puedas verlos a primera hora de la mañana y a última de la noche.

Otro método es la técnica "Estado parecido al sueño" de Neville Goddard. Es un sencillo proceso de tres pasos:

1. Debes saber lo que quieres.
2. Construye una escena que sólo pueda ocurrir después de recibir lo que quieres (no antes ni durante). Que sea una escena concisa. Si quieres un ascenso, la escena podría ser tu jefe dándote la mano y diciéndote: "Enhorabuena".
3. Recuéstate y convéncete de que tienes sueño repitiendo: "Tengo sueño". A continuación, desde este estado de somnolencia, repite una y otra vez la escena que has creado, asegurándote de prestar atención a las imágenes, sonidos y otras sensaciones de esa escena.

Otros rituales

1. Intenta hacer pausas de conciencia a mediodía. A mitad del día, puedes meditar, visualizar, establecer intenciones o hacer cualquier otra cosa que te ayude a realinearte con la conciencia superior.
    1. Las reflexiones de la tarde y la noche son estupendas para desarrollar la autoconciencia. Podrías hablar con tu Yo Superior a través de la canalización, utilizando una aplicación de grabación para reproducir esas conversaciones más tarde o transcribirlas automáticamente. Con esta práctica, reflexionarás sobre los acontecimientos del día hasta el momento y te recordarás a ti mismo tu intención de permanecer consciente de tu interconexión con los demás, tus guías, tu Yo Superior y, por supuesto, la conciencia superior.
    2. El trabajo con los sueños es una gran herramienta para incorporar como ritual. Empieza escribiendo lo que recuerdes de tus sueños cada noche para mejorar tu memoria. Si crees que no sueñas, al menos escribe cómo te sientes cuando te despiertas. Cuando empieces a recordar tus sueños, puedes establecer la intención de usar este estado para hacer tu trabajo de conciencia superior cada noche antes de acostarte o cada vez que quieras echarte una siesta.

Con estos rituales diarios, experimentarás un aumento de tu conciencia y autoconciencia. Pasarás de vivir una vida llena de "accidentes" a vivir a propósito y alineado con tus ideales más elevados. La constancia es el secreto para obtener resultados con estos rituales, y cuanto más practiques, más piezas del puzzle de tu propósito final reunirás y encajarás.

Conclusión

Se te han dado todas las herramientas posibles para comenzar el proceso de vivir conscientemente. El hecho de que hayas leído hasta este punto sugiere que es probable que experimentes la expansión espiritual que deseas.

Puede que haya días en los que no te sientas de humor para practicar tus rituales. Esto es parte natural del ser humano. Recuerda, conectarte con la conciencia superior es más un flujo y reflujo. No hay razón para que te castigues por sentir que te has caído del vagón. En los días en los que te resulte difícil seguir, si puedes dedicar al menos de tres a cinco minutos a una práctica, seguirás progresando, pero eso tampoco es excusa para caer en la autocomplacencia.

Este libro es sólo una guía, no un reglamento. Por lo tanto, si te sientes guiado intuitivamente para modificar ciertas prácticas o probar algo nuevo, sigue tu corazonada. Recuerda que nadie puede guiarte mejor que tu yo superior. Confía en cada empujón intuitivo que recibas. Aprende a hacerlo sin cuestionarlo y te sorprenderá el mundo mágico que se te revela.

Hay muchos recursos disponibles para ayudarte en tu viaje. Ten la mente abierta y aprovéchate de todos los que encuentres. Tanto si lees un libro como si ves un vídeo, consulta siempre a tu instinto. ¿Cómo te hará saber tu alma qué mensajes debes conservar y cuáles descartar? Sigue lo que está diseñado para ti en lugar de hacer todo lo que te recomiendan porque esperas que algo se te pegue. Incluso en este libro, ciertos ejercicios pueden haber captado tu interés más que otros. Tu interés es una pista de tu Yo Superior, que te dice que debes explorar esto.

Estás a punto de iniciar un viaje que te reportará beneficios. Pregúntale a cualquiera que haya encontrado su conexión con la conciencia superior, y te dirá que no tiene ni idea de cómo podría haber vivido sin ella.

Si estás luchando con algo, ya sea la consistencia o el enfoque, no olvides que no estás solo. Tienes guías que te ayudarán a cumplir tu gran designio. Nunca les darás demasiados problemas. Pide y se te dará, siempre. Agradécete a ti mismo por tener el valor de comenzar esta aventura. No es nada despreciable, pero al final, te alegrarás de haber respondido a la llamada de la fuente de toda vida.

Vea más libros escritos por Mari Silva

Su regalo gratuito

¡Gracias por descargar este libro! Si desea aprender más acerca de varios temas de espiritualidad, entonces únase a la comunidad de Mari Silva y obtenga el MP3 de meditación guiada para despertar su tercer ojo. Este MP3 de meditación guiada está diseñado para abrir y fortalecer el tercer ojo para que pueda experimentar un estado superior de conciencia.

https://livetolearn.lpages.co/mari-silva-third-eye-meditation-mp3-spanish/

¡O escanee el código QR!

Bibliografía

Primera Parte: Física cuántica para principiantes

Banik, M., Gazi, Md. R., Ghosh, S., & Kar, G. (2013). Degree of Complementarity Determines the Nonlocality in Quantum Mechanics. Physical Review A, 87(5). https://doi.org/10.1103/physreva.87.052125

Buhrman, H., Cleve, R., Massar, S., & de Wolf, R. (2010). Nonlocality and Communication Complexity. Reviews of Modern Physics, 82(1), 665-698. https://doi.org/10.1103/revmodphys.82.665

Clegg, B. (2009). The God Effect: Quantum Entanglement, Science's Strangest Phenomenon. St. Martin's Griffin.

Dyson, F. (2013). Is a Graviton Detectable? International Journal of Modern Physics A, 28(25), 1330041. https://doi.org/10.1142/s0217751x1330041x

Filk, T., & Albrecht von Müller. (2009). Quantum Physics and Consciousness: The Quest for a Common Conceptual Foundation. Mind and Matter, 7(1).

Hayes, L. J. (1997). Understanding Mysticism. The Psychological Record, 47(4), 573-596. https://doi.org/10.1007/bf03395247

Hirshfeld, A. C. (2000). BOOK REVIEW: String Theory. Volume I: An Introduction to the Bosonic String. by Joseph Polchinski. String Theory. Volume II: Superstring Theory And Beyond. by Joseph Polchinski. General Relativity and Gravitation, 32(11), 2235-2237. https://doi.org/10.1023/a:1001959811458

Horgan, J. (2004). Rational Mysticism. HMH.

Jackson, G. (2022, September 28). What is the Main Difference between Classical Physics and Quantum Physics? [Fact Checked!]. Physics Network. https://physics-network.org/what-is-the-main-difference-between-classical-physics-and-quantum-physics/

Kenneth William Ford. (2011). 101 Quantum Questions: What You Need To Know About The World You Can't See. Harvard University Press.

MacIsaac, T. (2018). A New Theory of Consciousness: The Mind Exists as a Field Connected to the Brain - Science and Nonduality (SAND). Science and Nonduality (SAND). https://scienceandnonduality.com/article/a-new-theory-of-consciousness-the-mind-exists-as-a-field-connected-to-the-brain/

Mansuripur, M. (2009). Classical Optics and its Applications. In Cambridge University Press (2nd ed.). Cambridge University Press. https://www.cambridge.org/core/books/classical-optics-and-its-applications/7E0D316A0E283CAE3876B7DAC50621B4

Misra, B., & Sudarshan, E. C. G. (1977). The Zeno's Paradox in Quantum Theory. JMP, 18(4), 756-763. https://doi.org/10.1063/1.523304

Nomura, Y., Poirier, B., & Terning, J. (2018). Quantum Physics, Mini Black Holes, and the Multiverse: Debunking Common Misconceptions in Theoretical Physics. Springer International Publishing.

Oppenheim, J., & Wehner, S. (2010). The Uncertainty Principle Determines the Nonlocality of Quantum Mechanics. Science, 330(6007), 1072-1074. https://doi.org/10.1126/science.1192065

Ponte, D., & Schäfer, L. (2013). Carl Gustav Jung, Quantum Physics and the Spiritual Mind: A Mystical Vision of the Twenty-First Century. Behavioral Sciences, 3(4), 601-618. https://doi.org/10.3390/bs3040601

Popescu, S. (2014). Nonlocality Beyond Quantum Mechanics. Nature Physics, 10(4), 264-270. https://doi.org/10.1038/nphys2916

Posner, M. I. (1994). Attention: the Mechanisms of Consciousness. Proceedings of the National Academy of Sciences, 91(16), 7398-7403. https://doi.org/10.1073/pnas.91.16.7398

Pratt, D. (2007). Consciousness, Causality, and Quantum Physics. NeuroQuantology, 1(1). https://doi.org/10.14704/nq.2003.1.1.5

Qian, X.-F., Vamivakas, A., & Eberly, J. (2017). Emerging Connections: Quantum and Classical Optics The blurring of the classical-quantum boundary points to new directions in optics. https://arxiv.org/ftp/arxiv/papers/1712/1712.10040.pdf

Rae, A. I. M. (2013). Quantum physics, Illusion or Reality? Cambridge University Press.

Rogalski, M. S., & Palmer, S. B. (1999). Quantum Physics. Gordon And Breach Science Publishers.

Silverman, M. P. (2008). Quantum Superposition. Springer Science & Business Media.

Simon, C. (2019). Can Quantum Physics Help Solve the Hard Problem of Consciousness? Journal of Consciousness Studies, 26(5, 6).

Stapp, H. P. (1999). Attention, Intention, and Will in Quantum Physics. Journal of Consciousness Studies, 6(8-9).
https://www.ingentaconnect.com/content/imp/jcs/1999/00000006/f0020008/971

Tricycle. (2020). What is Dependent Origination? Buddhism for Beginners.
https://tricycle.org/beginners/buddhism/dependent-origination/

Zeilinger, A. (1999). Experiment and the Foundations of Quantum Physics. Reviews of Modern Physics, 71(2), S288-S297.
https://doi.org/10.1103/revmodphys.71.s288

Segunda Parte: Conciencia Superior

Acacio, J., Montemayor, C., & Springerlink (Online Service. (2019). Quanta and Mind: Essays on the Connection between Quantum Mechanics and Consciousness. Springer International Publishing.

Bertoldi, C. (2012). Inside the Other Side: Soul Contracts, Life Lessons, and How Dead People Help Us, Between Here and Heaven. Harper Collins.

Byrne, L. (2011). Angels in My Hair: A Memoir. Three Rivers Press.

Cannon, D. (1993). Between Death & Life: Conversations with a Spirit. Ozark Mountain Publishing.

Cannon, D. (2009). Five Lives Remembered. Ozark Mountain Publishing.

Carrington, H., & Muldoon, S. J. (1981). The Phenomena of Astral Projection. Sun Publishing (NM).

Crabbé, R. (2019). The Three Shamanic Worlds. RoelCrabbe.com.
https://www.roelcrabbe.com/the-three-shamanic-worlds/

Delamothe, M. (2023). Shamanic Journeying and Astral Projection: What's the Difference? SignsMystery. https://signsmystery.com/shamanic-astral-difference/

Gergar, L. (2010). What is the Higher Self? Channel Higher Self.
https://channelhigherself.com/blog/what-is-the-higher-self-2/

Gizzi, C. (2016). What Is Higher Consciousness and How Can We Access It? Fearless Soul - Inspirational Music & Life-Changing Thoughts.
https://iamfearlesssoul.com/what-is-higher-consciousness-and-how-can-we-access-it/

Greene, B. (2012). The Hidden Reality: Parallel Universes and the Deep Laws of the Cosmos. Penguin, Impr. , Cop.

Gribbin, J. R. (2009). In Search of the Multiverse: Parallel Worlds, Hidden Dimensions, and the Ultimate Quest for the Frontiers of Reality. Wiley.

Ingerman, S. (2020). Shamanic Journeying: A Beginner's Guide. Sounds True.

Itzhak Bentov. (2000). A Brief Tour of Higher Consciousness: A Cosmic Book on the Mechanics of Creation. Inner Traditions.

Luna, A. (2017). Automatic Writing: How to Channel Your Soul's Wisdom. LonerWolf. https://lonerwolf.com/automatic-writing/

Luna, A. (2021). Soul Purpose: 5 Gateways to Finding Your Destiny. LonerWolf. https://lonerwolf.com/soul-purpose/

Psychic Radar. (2023). Exploring Past Life Regression: Unveiling the Secrets of Previous Lifetimes. Psychic Radar. https://psychicradar.com/articles/exploring-past-life-regression/

Roberts, J. (1994). Seth Speaks: The Eternal Validity of the Soul. Amber-Allen Publ., New World Library.

Rochelle, K. (2023). Understanding Spirit Guides. Positively Kimberly. https://www.positivelykimberly.com/understanding-spirit-guides/#How_to_Connect_with_Your_Spirit_Guides

Scalisi, A. (2022, July 15). Complete List of 22 Abraham Hicks Processes + How To Use Them. The Haven Shoppe. https://thehavenshoppe.com/22-abraham-hicks-processes/

Sharma, S. (2023). Breathwork 101: 5 Simple Breathwork Techniques for Beginners. Calm Sage – Your Guide to Mental and Emotional Well-Being. https://www.calmsage.com/breathwork-techniques/

Thomas, J. J. (2022). Higher Consciousness Demystified. Heart Speak. https://medium.com/heart-speak/higher-consciousness-demystified-80042c9fc9be#bypass

Tolle, E. (2016). A New Earth: Awakening to Your Life's Purpose. London, UK Penguin Books.

Tolle, E. (2018). The Power of Now: A Guide to Spiritual Enlightenment. Hachette Australia

Fuentes de imágenes

1. Diseñado por Freepik.https://img.freepik.com/free-photo/atom-science-biotechnology-blue-neon-graphic_53876-167297.jpg?t=st=1712095432~exp=1712099032~hmac=56d0a39abad98fe04895eb12e59f753030c1892186665aa0b00ec0a86a17b798&w=1060
2. https://picryl.com/media/max-planck-1933-1bf0ff
3. https://picryl.com/media/richard-feynman-1988-2d6dca
4. https://www.flickr.com/photos/7725050@N06/631503428
5. Diseñado por Freepik. https://www.freepik.com/free-photo/chemical-element-arrangement-still-life_16691170.htm#fromView=search&page=2&position=16&uuid=cbd7f1b0-2c6a-4ea7-84db-dbb5908fa2d9
6. https://pixel17.com, CC BY-SA 2.0 <https://creativecommons.org/licenses/by-sa/2.0>, a través de Wikimedia Commons https://upload.wikimedia.org/wikipedia/commons/9/9a/Niels_Bohr_Portrait.jpg
7. https://pixabay.com/photos/prism-light-spectrum-optics-6174502/
8. https://www.needpix.com/photo/download/84526/einstein-formula-mathematics-equation-equations-formulas-free-pictures-free-photos-free-images
9. Laboratorio Nacional Argonne, ATRIBUCIÓN-NO COMERCIAL-COMPARTIRIGUAL 2.0 GENÉRICA, CC BY-NC-SA 2.0 <https://creativecommons.org/licenses/by-nc-sa/2.0/>https://www.flickr.com/photos/argonne/5039459604
10. https://picryl.com/media/arthur-compton-1927-91b473
11. astroshots42Follow, ATRIBUCIÓN 2.0 GENÉRICA, CC BY 2.0 <https://creativecommons.org/licenses/by/2.0/>https://www.flickr.com/photos/astro-pics/8468331718

12 Original: NekoJaNekoJa Vector: Johannes Kalliauer, CC BY-SA 4.0 <https://creativecommons.org/licenses/by-sa/4.0>, a través de Wikimedia Commons. https://commons.wikimedia.org/wiki/File:Double-slit.svg

13 ATRIBUCIÓN-COMPARTIR-IGUAL 3.0 NO REPORTADO, CC BY-SA 3.0 <https://creativecommons.org/licenses/by-sa/3.0/deed.en>https://upload.wikimedia.org/wikipedia/commons/7/77/Photoelectric_effect.png

14 Theresa Knott de en.wikipedia, CC BY-SA 3.0 <http://creativecommons.org/licenses/by-sa/3.0/>, a través de Wikimedia Commons https://commons.wikimedia.org/wiki/File:Stern-Gerlach_experiment.PNG

15 Maestro del universo 322, CC BY-SA 4.0 <https://creativecommons.org/licenses/by-sa/4.0>, a través de Wikimedia Commons https://upload.wikimedia.org/wikipedia/commons/7/75/Physics-3864568_960_720.png

16 https://www.pexels.com/photo/an-artist-s-illustration-of-artificial-intelligence-ai-this-image-represents-how-machine-learning-is-inspired-by-neuroscience-and-the-human-brain-it-was-created-by-novoto-studio-as-par-17483868/

17 TEDxSydney, ATRIBUCIÓN-NO COMERCIAL-NODERIVOS 2.0 GENÉRICO, CC BY-NC-ND 2.0 < https://creativecommons.org/licenses/by-nc-nd/2.0/> https://www.flickr.com/photos/tedxsydney/5779378540

18 Yancho Sabev, CC BY-SA 3.0 <https://creativecommons.org/licenses/by-sa/3.0/>, a través de Wikimedia Commons https://upload.wikimedia.org/wikipedia/commons/2/2a/The_14th_Dalai_Lama_FEP.jpg

19 https://www.pexels.com/photo/woman-lying-down-on-floor-relaxing-and-meditating-6998214/

20 Diseñado por Freepik. https://img.freepik.com/free-photo/mystical-numerology-scene_52683-107763.jpg?t=st=1712100292~exp=1712103892~hmac=cb45e539f861710558dd2229477b9caf37f47e6752aa6296bd82769a8bf50c66&w=740

21 Pablo Carlos Budassi, CC BY-SA 4.0 <https://creativecommons.org/licenses/by-sa/4.0>, a través de Wikimedia Commons https://upload.wikimedia.org/wikipedia/commons/3/32/Earth_and_Universe.jpg

22 https://www.needpix.com/photo/download/1733437/lego-background-lego-building-blocks-pattern-lego-bricks-shape-design-education-toy-pattern

23 https://www.publicdomainpictures.net/en/view-image.php?image=527494&picture=quantum-physics-waves-and-particles

24 https://picryl.com/media/eth-bib-jung-carl-gustav-1875-1961-portrait-portr-14163-cropped-c7875d

25 Diseñado por Freepik. https://www.freepik.com/free-photo/network-concept-with-colorful-thread_15292480.htm#fromView=search&page=1&position=1&uuid=9da01092-4a93-48ce-9ba7-196234a14a3e

26 alfonso.saborido, ATRIBUCIÓN 2.0 GENÉRICA, CC BY 2.0 <https://creativecommons.org/licenses/by/2.0/> https://www.flickr.com/photos/28063292@N02/22560032539

27 Peter Morgan, ATRIBUCIÓN NO COMERCIAL-NODERIVOS 2.0 GENÉRICA, <https://creativecommons.org/licenses/by-nc-nd/2.0/> https://www.flickr.com/photos/pmorgan/3189477502

28 https://pixabay.com/photos/parallel-world-parallel-universe-3488497/

29 Designed by freepik. https://www.freepik.com/free-vector/gradient-surrealist-galaxy-illustration_45183512.htm

30 Designed by freepik. https://www.freepik.com/free-photo/br own-eye-bright-background_31499094.htm

31 https://www.pexels.com/photo/woman-in-pink-sports-bra-and-black-leggings-doing-yoga-on-yoga-mat-3823076/

32 Designed by freepik. https://www.freepik.com/free-photo/ultra-detailed-nebula-abstract-wallpaper-5_39994515.htm

33 Designed by freepik. Source: https://www.freepik.com/free-vector/hand-drawn-mindfulness-concept-with-characters_16692663.htm

34 Designed by freepik. Source: https://www.freepik.com/free-photo/medium-shot-human-silhouette-nature_38689099.htm

35 Designed by freepik. https://www.freepik.com/free-photo/full-shot-super-woman-with-superpowers_38170134.htm

36 Designed by freepik. https://www.freepik.com/free-photo/3d-render-brain-with-glitter-explosion-effect_987581.htm

37 Designed by freepik. https://www.freepik.com/free-photo/fantasy-astral-wallpaper-composition_39425682.htm

38 Designed by freepik. https://www.freepik.com/free-photo/glowing-satellite-orbits-planet-star-filled-galaxy-generated-by-ai_40968223.htm

39 Designed by freepik. https://www.freepik.com/free-vector/gradient-surrealist-galaxy-illustration_45199603.htm

40 Designed by freepik. https://www.freepik.com/free-vector/gradient-surrealist-galaxy-illustration_45183518.htm

41 https://www.freepik.com/free-photo/numerology-concept-composition_38110409.htm

42 Designed by freepik. https://www.pexels.com/photo/white-and-black-wolf-397857/

43 Designed by freepik. https://www.pexels.com/photo/stone-sculpture-of-an-angel-with-a-book-against-clouded-sky-8592167/

44 Designed by freepik. https://www.freepik.com/free-photo/high-angle-woman-reading-tarot-home_39886546.htm

45 https://pixabay.com/photos/time-clock-time-spiral-spiral-3103599/

46 https://pixabay.com/photos/body-ghost-soul-religion-woman-2976731/

47 https://pixabay.com/photos/bible-holy-spirit-jesus-hope-2989432/

48 https://pixabay.com/photos/sky-love-spiritual-above-top-3983433/

49 Runologe, CC BY-SA 4.0 <https://creativecommons.org/licenses/by-sa/4.0>, via Wikimedia Commons. https://commons.wikimedia.org/wiki/File:02_Runes_of_the_Younger_Futhark_painted_on_little_stones_-_Runen_des_j%C3%BCngeren_Futhark_auf_kleine_Steine_gemalt.jpg

50 https://www.pexels.com/photo/silhouette-of-person-holding-sparkler-digital-wallpaepr-266429/

51 https://www.pexels.com/photo/woman-practicing-yoga-3822906/

52 designed by freepik. https://www.freepik.com/free-photo/collage-numerology-concept_35858713.htm#

www.ingramcontent.com/pod-product-compliance
Lightning Source LLC
Chambersburg PA
CBHW072156200426
43209CB00052B/1281